Edith Devries
**Nicht mit zu hassen, mit zu lieben bin ich da**

**Edith Devries** wurde 1935 am Niederrhein geboren und ist eine Holocaustüberlebende. Ab Mitte der 50er Jahre leistete sie als Leiterin der jüdischen Kindergärten in Köln, Düsseldorf und München einen wesentlichen Beitrag zur Erziehung zahlreicher jüdischer Kinder. Seit über 30 Jahren berichtet sie darüber hinaus in Schulen und Vereinen vom Schicksal ihrer Familie.

**Ruth Bader** ist eines der vier Kinder von Edith Devries. Sie wurde 1967 geboren und wuchs ebenfalls im Heimatort ihrer Mutter auf. Nach einem Studium und ersten Berufsjahren in Berlin wanderte sie 1997 nach Australien aus.

**Das vorliegende Buch** entstand im Verlauf einer fünfjährigen Zusammenarbeit zwischen Mutter und Tochter. Es basiert auf zahlreichen Gesprächen sowie Dokumenten, Briefen und Fotos aus der Privatsammlung von Devries. Beim Erarbeiten des Inhalts war es beiden ein Anliegen, die bis heute ungebrochen kindliche Sicht von Devries hinsichtlich ihrer Erlebnisse und der Personen, die dabei eine Rolle spielten, möglichst neutral wiederzugeben. Zugleich stellt Bader in ihren Anmerkungen am Ende des Buches ergänzende Informationen zum Kontext des Erzählten zur Verfügung.

# Edith Devries

# Nicht mit zu hassen, mit zu lieben bin ich da

## Eine jüdische Kindheit zwischen Niederrhein und Theresienstadt

Zusammengetragen und kommentiert von Ruth Bader

Bibliografische Information der Deutschen Nationalbibliothek:

Die Deutsche Nationalbibliothek verzeichnet diese Publikation in der Deutschen Nationalbibliografie; detaillierte bibliografische Daten sind im Internet über http://dnb.d-nb.de abrufbar.

Umschlagabbildungen:

Titelseite: Edith Devries, Anfang der 40er Jahre
Umschlagrückseite: Edith Devries, 2004

*Bildnachweis: Sämtliche abgebildete Fotos & Dokumente stammen aus dem Privatbesitz von Edith Devries.*

2., korrigierte Auflage

Edith Devries, Ruth Bader,»Nicht mit zu hassen, mit zu lieben bin ich da«

© 2008 Edith Devries, Ruth Bader
Alle Rechte vorbehalten
Umschlaggestaltung, Satz & Layout: Ruth Bader
Herstellung und Verlag: Books on Demand GmbH, Norderstedt

*Kommentare oder Fragen zum Buch bitte an: info@edithdevries.de*

ISBN 978-3-8370-6081-2

# INHALT

# EINLEITUNG

Alles wirkliche Leben ist Begegnung
*Martin Buber*

Die Geschichte des Konzentrationslagers Theresienstadt ist sehr gut dokumentiert und vielen aus dem Schulunterricht oder aus den Medien bekannt. Theresienstadt galt als ›Vorzeigeghetto‹, tatsächlich aber diente es als Durchgangslager für den Weitertransport der Juden in die Vernichtungslager, zumeist nach Auschwitz. Von denen, die nicht weitertransportiert wurden, starben Zehntausende an den Folgen von Hunger und Krankheit. Gemeinsam mit meinen Eltern verbrachte ich drei Jahre meiner Kindheit in Theresienstadt. Weniger als zweihundert von uns deutschen Kindern, manche sagen weniger als einhundert, überlebten das Lager.

Im Laufe der vergangenen Jahrzehnte habe ich als Zeitzeugin zahlreiche Schulen besucht und Schülern von meiner schwierigen Kindheit zwischen Niederrhein und Theresienstadt erzählt. Mein Hauptanliegen dabei war es, ihnen nahezubringen, wie wichtig es ist, für Toleranz und Nächstenliebe einzutreten und jeden, egal welcher Hautfarbe, Religion oder Überzeugung, zu respektieren. Auch vor Erwachsenen habe ich immer wieder Vorträge gehalten und meine Zuhörer gebeten, sich dafür einzusetzen, dass die Würde des Menschen geachtet wird. Während meiner langjährigen Tätigkeit als Kindergärtnerin bemühte ich mich stets, schon den Jüngsten diese Weltanschauung zu vermitteln. Kinder

7

und Jugendliche waren für mich immer die wichtigsten Zuhörer.

Die heutige Generation ist nicht für die Taten ihrer Eltern und Großeltern verantwortlich. Aber sie muss bei sich selbst und in ihrer Umwelt die Liebe zum Mitmenschen fördern und Hass und Menschenverachtung im Keim ersticken. Eltern müssen ihren Kindern die Gelegenheit geben, sich mitzuteilen, müssen ihnen zuhören und sie zu kritikfähigen Menschen werden lassen. Wie eine Pflanze Licht benötigt, so brauchen unsere Kinder Entfaltungsmöglichkeiten, Achtung und Pflege, und schließlich das Loslassen der Eltern, wenn die Zeit dafür gekommen ist.

Die Erlebnisse meiner Familie machen anschaulich, dass mutige Menschen helfen können, zum Frieden in der Welt beizutragen. »Liebe deinen Nächsten wie dich selbst«, dies sollte das Fundament unseres Lebens sein. Doch Hass gegen alles Fremde macht sich immer noch und immer wieder in unserem Land breit, aus Neid, Missgunst und oft auch aus sozialer Not. Man hört oft Sprüche wie: »Die sollen sich doch anpassen, dann wird alles besser.« Doch Anpassung funktioniert nicht ohne Anerkennung. ›Respekt‹ ist hier das Zauberwort. Jedem seine Kultur!

»Nicht mit zu hassen, mit zu lieben bin ich da.« Diese Worte der Antigone entsprechen meiner Aufgabe und meinem Selbstverständnis. Ich werde dabei durch einen tiefen Glauben an eine höhere Macht und eine bessere Welt getragen. Dieser Glaube lässt mich Leben und Tod akzeptieren, stimmt mich zuversichtlich, froh und dankbar. Er bringt mir Licht ins Dunkel und lässt mich zu der Auffassung kommen, dass keine Begegnung umsonst war, alles mich wachsen und reifen ließ.

Am Eingang der Holocaust-Gedenkstätte Yad Vashem in Israel steht geschrieben:»Das Geheimnis der Erlösung heißt Erinnerung.« Diejenigen von uns, die den Holocaust überlebten, erhielten die große Aufgabe, der Menschheit mitzuteilen, was sie erlebt hatten. Mit meinen hier festgehaltenen Erinnerungen möchte ich zur Annahme und Verarbeitung des Geschehenen beitragen. Ich möchte mich für die Menschen einsetzen, die selbst nicht mehr von den unwürdigen Umständen Zeugnis ablegen können, in denen sie bis zu ihrem qualvollen Tod leben mussten. Ihrer haben wir zu gedenken. Aber auch derer, die durch die Naziherrschaft und die Verfolgungen derart Schaden an Körper und Geist erlitten, dass sie nie über das Leid, das ihren Eltern, Geschwistern und ihren Verwandten zugefügt wurde, und nie über das Leid nach der Befreiung, nie über den Schmerz, alle Angehörigen verloren zu haben, hinweg kamen.

Manche werden denken:»Weshalb redet die heute noch davon, lässt auch für sich diese Zeit wieder aufleben? Es muss doch endlich einmal vorbei sein.« Natürlich werden jedes Mal, wenn ich als Zeitzeugin auftrete, wieder schmerzliche Erinnerungen in mir geweckt. Als Überlebende dieser schrecklichen Zeit bin ich, wann immer ich daran denke, tief betroffen und wieder ganz in das Gefühl der Not, des Hungers und der kindlichen Angst zurückversetzt. Vor meinen Vorträgen habe ich nachts Albträume und leide unter Herzbeklemmungen. Doch ob nach einem halben Jahr oder 60 Jahren, Unrecht bleibt Unrecht! Wir dürfen die

Erinnerungen nicht unterdrücken, auch wenn sie schmerzlich sind, denn sie helfen uns, anderen etwas zu geben. Ich möchte endlich sagen, was damals war, konkret erzählen von meiner verlorenen Kindheit, die ich als Jüdin in meinem Heimatort Weeze und in Theresienstadt zubrachte.

Als wir Weeze im Juli 1942 verlassen mussten, war es mit der Geborgenheit vorbei. »Unordnung und frühes Leid«, wie Thomas Mann es so treffend ausdrückte, traten an ihre Stelle. Nach dieser Zeit schwieg ich jahrzehntelang, bevor ich mich entschloss, meine Erfahrungen als Zeitzeugin mitzuteilen. Meine Erinnerungen reichen bis ins Kleinkindalter zurück und erfassen eine Welt, der ich mal ängstlich und mal hoffnungsvoll entgegenblickte. Sie beruhen auf meinen Erlebnissen, den Erzählungen meiner lieben Eltern und ergänzend über die vergangenen Jahrzehnte Erfahrenem.

Ich bin oft gefragt worden, wie ich als Jüdin in Deutschland leben kann. Meine Antwort darauf ist: Ja zum Leben, Nein zum Vergessen! Wir Überlebende sind dankbar für unser neues Leben. Wir genießen es, Kinder und Enkelkinder zu haben. Ich habe Kinder geboren und zu Juden erzogen, und sie können wiederum das Judentum an ihre Kinder weitergeben.

Ich hatte das große Glück, mit meinen Eltern nach drei Jahren Hunger und Not an meinen Geburtsort zurückzukehren. »Wor hör ek t'hüss?«[1] Wo bin ich zuhause? In meinem Heimatort Weeze! Ich glaube, es gibt in Deutschland keine andere Jüdin, die sich so geborgen fühlt, wie ich mich bis heute in Weeze. Auch mein Vater sowie seine Eltern und Geschwister waren ganz mit

Weeze verbunden, in meiner Kindheit ein Ort von etwa 3.000 Einwohnern. Es lebten dort einst fünf jüdische Familien. Meine Eltern und ich kamen als Einzige nach Weeze zurück. Die anderen überlebten nicht oder kehrten Deutschland den Rücken und flohen ins Ausland. Wir erlebten damals in Weeze manch Unangenehmes. Doch im Vergleich zu dem, was Juden in anderen Gemeinden und Städten widerfuhr, bin ich dankbar, eine Weezerin zu sein und dort mit meinen Eltern gelebt zu haben! Der Weezer Bürgermeister Heitmeyer unterstützte meinen Vater so weit und so lang er es konnte, bis unsere Deportation nicht länger aufzuhalten war. Unser guter Nachbar Reinhard Küsters war stets ein treuer Freund und kam mehrfach zu unserer Rettung. Die gute Frau Depta unterstützte uns mit ihren bescheidenen Mitteln. Selbst Familie K., die ansonsten fest an das Naziregime glaubte, bewies, als es darauf ankam, ihre Menschlichkeit. Ich bin diesen und allen anderen dankbar, die uns in der schlimmen Zeit halfen und die Menschenwürde über Hass und Verfolgung stellten.

Menschen, die verfolgt wurden, sind bis ans Ende ihres Lebens körperlich und seelisch geschädigt, und die furchtbare Vergangenheit begleitet sie für immer. Doch wie diese Vergangenheit verarbeitet wird, das ist bei jedem unterschiedlich und hängt auch sehr davon ab, wie andere Menschen ihm begegnen. Wir wurden liebevoll und verständnisvoll wieder in unserem »Vaterland«, wie mein Vater es immer noch nannte, aufgenommen.

Mit meinen hier veröffentlichten Erinnerungen möchte ich meinem Vater, der sein Leben lang so viel Aufrichtigkeit und Menschlichkeit bewies, ein Denkmal setzen. Er half unzähligen Menschen, indem er ihnen Mut machte und in der Not beistand, wo er konnte, sowohl in Weeze als auch in Theresienstadt. Selbst nach dem Krieg blieb er seinem Prinzip treu, nie Böses mit Bösem zu vergelten, und hatte ein Ohr für die meisten, die ihn baten, ein gutes Wort für sie einzulegen. Mein geliebter Vater war und ist mein Vorbild. Bei Ina Seidel heißt es:»Dann setzt der Sohn der Mutter die Krone aufs Haupt.« Ich möchte sagen, ich setze meinem Vater die Krone aufs Haupt.

Auch meiner Mutter bin ich dankbar, dass sie, obwohl sie nach unserer Rückkehr aus Theresienstadt sehr um ihre Geschwister trauerte, in der Lage war, mich und andere Menschen zu lieben und zu achten. Ich kann ihre Nöte heute besser verstehen.

Ich hoffe, dass meine Erinnerungen zum Glauben, zur Liebe und zur Hoffnung aller beitragen werden.

Edith Devries
Weeze, April 2008

# WIE VATER UND MUTTER SICH FANDEN

## Familie Devries vom Niederrhein

Wie ein entfernter Vetter von mir, der den Stammbaum der Familie Devries erforschte, herausfand, stammten meine Urahnen väterlicherseits aus Portugal.[2] Sie wurden im 16. Jahrhundert im Rahmen der portugiesischen Inquisition von dort vertrieben. Sie gelangten dann über Holland nach Uedem am Niederrhein, wo sie seit etwa 1725 ansässig waren.

Mein Großvater Jakob wurde im etwa 70 Kilometer von Uedem entfernten Kaldenkirchen geboren, wohin sein Vater Abraham als Geselle gezogen war. Opa Jakob heiratete 1886 meine Großmutter Henriette, geborene Coopmans, die aus Weeze kam, einem Nachbarort von Uedem. Eine Bekannte hat mir mal erzählt, Oma Henriette wäre keine Jüdin gewesen, aber das stimmt nicht.[3] Zusammen eröffneten meine Großeltern in Weeze eine Metzgerei[4] und bekamen fünf Kinder: Albert, Frieda, meinen Vater Max, Ludwig und Lene. Sie wohnten in der Wasserstraße im Ortskern von Weeze. Die ganze Familie war, wie mir Weezer immer wieder erzählen, ihren Nachbarn und den Armen gegenüber sehr hilfsbereit. Auch Vater erzählte mir von Oma Henriette, die oft Fleisch und Wurst unter ihrer Schürze versteckt aus dem Laden trug. Wenn Opa Jakob dies bemerkte, klagte er:»Wir können es ja zu nichts bringen, wenn alles aus dem Haus getragen wird.«

Die Devries-Kinder besuchten die evangelische Schule, hatten auch zu den katholischen Bürgern guten Kontakt und viele Freunde beider Konfessionen. Alle Juden in Weeze waren sehr assimiliert, angepasst an die religiöse Welt ihrer Heimat. Sie gehörten dazu, für immer dazu, so glaubten sie.

Vater und seine Geschwister waren nicht allzu traditionsbewusste Juden. Aber an den Feiertagen und Freitagabend oder am Samstagvormittag gingen sie nach Goch zur Synagoge oder manchmal auch nach Geldern.[5] In Goch statteten sie oft einen Besuch bei ihrem Verwandten Adolf Devries ab und verweilten dort, bis wieder zu Fuß der Weg nach Hause angetreten wurde.[6]

Großvater Jakob starb schon im November 1908 mit nur 50 Jahren. Er wurde auf dem jüdischen Friedhof in Geldern beigesetzt, wo später auch meine Großmütter väterlicher- und mütterlicherseits und meine Eltern selbst ihre Ruhe fanden. Auch mein Wunsch ist es, dort eines Tages beerdigt zu werden. Oma Henriette, mein Vater und seine unverheiratete Schwester Lene führten die Metzgerei nach dem Tod meines Großvaters weiter. Oma Henriette starb 1935 mit 75 Jahren, kaum ein halbes Jahr vor meiner Geburt.

**Vaters Geschwister**

Der älteste Sohn der Familie Devries war Vaters Bruder Albert. Er fiel im Frühjahr 1918 im Ersten Weltkrieg.[7] Ich habe noch eine Tasse aus feinem Porzellan von ihm, die er Oma Henriette kurz vor seinem Tod vom Feld schickte. Darauf steht: »Infanterieregiment 142 Marienburg, 27. Orden, 4. Kompanie«. Ich weiß nur sehr wenig über Albert, denn Vater sprach fast nie von ihm und seinem frühen Tod. Er erzählte nur, dass Albert auch ein stolzer Soldat gewesen wäre, so wie er selbst. Denn Vater war ja »deutsch bis auf die Knochen«, wie er immer sagte. Ich denke, dass der Verlust von Albert für die Familie gravierend gewesen sein muss, aber die

Devrics konnten ihre Gefühle nie so gut zeigen, und es wurde darüber nicht geredet.

Elfriede Devries, Frieda genannt, war die ältere Schwester meines Vaters. Sie heiratete Adolf de Jong und zog in seinen Heimatort Ahaus, wo sie drei Kinder bekam, Marga, Herbert und Henny. Ihr Mann Adolf war Viehhändler, so wie mein Vater und sein Bruder Ludwig.[8] Vater sagte immer, Frieda wäre eine sehr liebe, bedächtige Frau gewesen und sehr häuslich.

Der jüngere Bruder meines Vaters war Ludwig. Er hatte die Haupthandelskarte für den Viehhandel, wohingegen Vater nur die Zusatzkarte hatte, weil er nach dem Ersten Weltkrieg schwerkriegsbeschädigt war, worauf ich noch näher eingehen werde. Ludwig war mit Jenny, geborene Gerson, aus Aldekerk verheiratet und hatte zwei Söhne, Albert und Horst. Lud, wie er genannt wurde, kannten viele Weezer, auch an seine Söhne können sich bis heute noch viele Weezer erinnern, von denen manche mit ihnen zur Schule gingen. Der jüngere Sohn Horst machte, als ich ein Kind war, in Weeze eine Schreiner-Lehre.

Vaters jüngere Schwester Helene, Lene genannt, war, wie Vater später gerne sagte,»ein Mannsweib« und blieb unverheiratet. Lene war kein Kind von Traurigkeit und war in allen Vereinen aktiv. Ich glaube, dass sie in Weeze die Beliebteste der Familie war. Zusammen mit ihrer Mutter besuchte sie immer das Krankenhaus und verschenkte dort Lebensmittel. Dafür waren sie in Weeze bekannt.

*Meine Großeltern, Jakob Devries und Henriette, geborene Coopmans, 1886.*[9]

*Vaters älterer Bruder Albert, der im Ersten Weltkrieg fiel.*

*Vaters ältere Schwester Frieda.*

*Vaters jüngerer Bruder Ludwig.*

*Vaters jüngere Schwester Lene.*

Eine Weezerin erzählte mir mal, Lenes Fahrrad hätte immer am Krankenhaus gestanden. Jede Woche organisierte sie dort für alle Patienten ein Kaffeekränzchen. Und ein anderer Weezer erinnert sich noch daran, von Lene verarztet worden zu sein, als er eines Tages beim Bauern einen Unfall hatte. Als Lene ihn im Krankenhaus versorgte, hätte sie ermahnend zu ihm gesagt: »Jüngsken, du gehst mir da nicht mehr hin.« Sie wurde wohl oft gerufen, um eitrige Wunden auszuwaschen, an die sich sonst niemand mehr herantraute.

Lene hatte viele Freunde und Freundinnen und war gut bekannt mit den Ordensschwestern im Krankenhaus. Mit einer der Nonnen, Schwester Raduberta, war sie besonders gut befreundet. Schwester Raduberta kam später, als sie alt war, immer zu uns und klagte, dass sie noch immer in der Waschküche arbeiten musste. Die anderen Schwestern waren wohl alle reich und zuhause, aber sie musste bis ins hohe Alter weiterarbeiten. Auch die Pastoren kamen gerne zu uns und ›weinten‹ sich bei uns aus.

### Familie Hartoch aus Aachen

Mein Großvater mütterlicherseits war Heinrich Hartoch aus Aachen. Er war in erster Ehe mit Bertha Sanders verheiratet, die aus Lobberich stammte. Aus der Ehe von Heinrich mit Bertha gingen acht Kinder hervor, von denen zwei im Kleinkindalter starben. Die überlebenden Geschwister hießen Rosalie, Henriette (Jettchen), Sigmund, Selma, Arthur und Emma. Nachdem Bertha 1878 gestorben war, heiratete Opa Heinrich ihre Schwester Rosalie, die vierzehn Jahre jünger war als Bertha.[10] Aus der zweiten Ehe mit Rosalie stammten

Adele, Berta, Julius, Joseph (Sally) und schließlich meine Mutter, Julie.[11] Mutters Vater verstarb 1897, nur zwei Jahre nach ihrer Geburt. Ich weiß leider nichts über Bertha zu berichten, doch meine Oma Rosalie erlebte ich als kleines Kind noch bei uns in Weeze. Mutter erzählte immer, dass Oma Rosalies Eltern ursprünglich ziemlich vermögend gewesen waren, dann aber einem Betrug zum Opfer fielen und durch ein langes Gerichtsverfahren alles verloren. Nachdem Rosalies Vater gestorben war, schlug sich die Familie durch, indem sie Etiketten auf Ölflaschen klebte, um diese dann als ›koscher‹ zu verkaufen.

Jahre später ging Oma Rosalie, die »die Groß« genannt wurde, mit ihren Kindern spazieren und sah den Mann, der den geschäftlichen Ruin meines Urgroßvaters herbeigeführt hatte, als Bettler auf der Straße sitzen. Sie sagte daraufhin zu ihren Kindern: »Schaut euch diesen Mann an! Wie man's treibt, so geht's einem.«

Mutter konnte sich natürlich nur sehr wenig an ihren Vater erinnern, da sie so jung war, als er starb. Ihre Mutter Rosalie hingegen war sicherlich die wichtigste Frau in ihrem Leben. Ihr schenkte sie ihre Liebe und Aufmerksamkeit.

**Mutters Geschwister**

Leider ist mir nicht über jedes der zehn Geschwister und Halbgeschwister meiner Mutter etwas bekannt. Gerade über die Kinder aus der ersten Ehe meines Großvaters Heinrich sind mir nur wenige Geschichten in Erinnerung. Die folgenden Angaben stützen sich daher auch auf die Erzählungen meiner Cousine Hilde (Adeles Tochter) und meines Vetters Walter (Bertas Sohn).

Mutter selbst machte in ihren Erzählungen und ihrem Verhalten gegenüber ihren Verwandten nie einen Unterschied zwischen den Geschwistern aus der ersten und der zweiten Ehe. Es gab einen sehr großen Zusammenhalt unter allen Hartochs. Ich erfuhr erst vor einigen Jahren, durch die Nachforschungen meiner Tochter Ruth, dass mein Großvater zwei Mal verheiratet war. Mutters Geschwister waren alle in Aachen geboren, aber als Erwachsene lebten die meisten von ihnen an anderen Orten. Rosalie beispielsweise war mit Joseph Bonem verheiratet und lebte in Trier, woher Joseph stammte. Jettchen wiederum heiratete einen katholischen Ingenieur, mit dem sie in Köln eine Familie gründete. Und zwei Geschwister von Mutter, Sigmund und Selma, lebten mit ihren Familien in Luxemburg. Sigmund hatte dort ein Antiquitätengeschäft. Tante Selma lernte ich als Kind noch kennen. Eine von Selmas drei Töchtern, Palmyre, heiratete 1929 als junge Frau einen katholischen Italiener, Innocente Croci. Selma war sehr gegen diese Verbindung mit einem Nicht-Juden, aber Palmyre entschloss sich dennoch für ihn.

Mutters Bruder Arthur verstarb bereits 1934, kurze Zeit nach seinem 60. Geburtstag. Arthur hatte Asthma und Mutter erzählte, dass sie oft an seiner Schlafzimmertür lauschte aus Furcht, dass er nicht mehr lebte. Sein Tod war sicher ein großer Verlust für die ganze Familie. Hilde glaubte, er hätte sich das Leben genommen, aber mir ist darüber nichts bekannt.[12]

23

*Mein Großvater mütterlicherseits, Heinrich Hartoch.*

*Enorme Altersunterschiede. Mutter als kleines Mädchen mit ihrer Mutter Rosalie, geborene Sanders, (hinter ihr stehend) und den Kindern aus der ersten Ehe meines Großvaters mit Rosalies Schwester Bertha. Rechts neben Rosalie vermutlich ihre unverheiratete Schwester Sara.*

*Mutter (in der Mitte), das Nesthäkchen, ca 1900 mit ihren Geschwistern (v.l.n.r.) Julius, Berta, Adele und Sally.[13]*

*Drei Generationen, 1926. Hinten stehend Mutter, 3.v.l. Oma Rosalie, links neben ihr Adele mit ihrem Sohn Heinz, rechts Berta mit ihrem Sohn Walter, rechts außen Adeles Tochter Hilde.*

Mutters Schwester Emma war das jüngste Kind aus der Ehe von Heinrich und Bertha. Auch an sie kann ich mich noch erinnern. Sie war das einzige von Berthas Kindern, das mit seiner Familie in Aachen lebte. Mutter erzählte oft von Tante Emma, mit der sie gemeinsam von Aachen aus Radtouren unternahm.

Tante Adele war das älteste Kind der Ehe meines Großvaters Heinrich mit Oma Rosalie. Sie lebte mit ihrem Mann Albert Cahn und ihren Kindern, Hilde und Heinz, in seinem Geburtsort Königswinter. Adele starb 1931 mit nur 46 Jahren an Krebs.[14] Meine Mutter trauerte sehr um sie und besuchte mit mir jedes Jahr ihr Grab. Sie betete und weinte dabei sehr.

Berta Hartoch, Mutters zweitälteste Schwester, war mit Alex Levy verheiratet und hatte einen Sohn, Walter. Die Familie lebte in Waldniel, heute ein Teil von Mönchengladbach.

Mutters Bruder Joseph, Sally genannt, lebte mit seiner Frau Annie und seinem Sohn Kurt in Köln. Sally war ein bekannter Schaufenster-Dekorateur. Mutter und er hatten ein sehr ähnliches Temperament und konnten, wie sein Sohn berichtete, leicht aneinandergeraten und sich dabei ungeheuer aufregen. Nach einigen Minuten aber war alles wieder vergessen.

Julius war der jüngste Bruder von Mutter. Er heiratete Frieda Weil, deren jüngere Schwester Irma mit Julius' (Halb-)Neffen Heinz Hartoch, dem Sohn von Emma, verheiratet war. Julius und Frieda hatten zwei Kinder, Hans und Inge. Julius war Kaufmann und lebte mit seiner Familie in Aachen.

## Vor Gutheit nix wert

Mein Vater, der 1890 geboren wurde, war in Weeze sehr beliebt. Er hinterließ bei anderen Leuten immer einen bleibenden Eindruck. Vor vielen Jahren hörte ich im Zug zufällig eine Unterhaltung, die ein paar Leute einige Sitze von mir entfernt führten. Dabei sagte eine alte Frau zu ihren Zuhörern:»Dat was en Tid, als Max Devries noch war.« Die Weezer schwärmten von ihm. Er fiel mit seinen schwarzen Haaren besonders auf und war stolz darauf, wenn die Leute sagten:»Da kommt der Zigeuner.«

Ein Vetter meines Vaters aus Kaldenkirchen, Siegfried Sanders, berichtet über die Ausstrahlung meines Vaters in dem Buch *Die drei Eisheiligen*:

*Ich weiß noch, als kleine Burschen sind wir oft nach Weeze in Ferien gegangen. Am liebsten gingen wir zu meinem Onkel, Jakob Devries, dem Bruder meiner Mutter und Tante Henriette, da konnten wir tun und lassen, was wir wollten. Meine drei Vettern Albert, Ludwig und Max und die Cousinen Frieda und Helene waren schon groß, und wir waren die Kleinen. Das war ein sehr enges Verhältnis mit den Verwandten. Gegenüber wohnte der evangelische Pastor. Der hatte immer Mädels im Haus, die da kochen lernten, wie in einer Pension. Max war ein hübscher Kerl, der flirtete mit ihnen, und wenn er sich mit einem Mädchen verabreden wollte, schickte er uns eben rüber, ihr das auszurichten. Das kann ich gar nicht beschreiben, da waren wir ein Herz und eine Seele. [15]*

Vater trank schon gerne mal etwas mehr. Wenn er richtig betrunken war, dann mussten ihn die anderen auch mal nach Hause tragen, denn er hatte ja durch seine Kriegsverwundung eine Beinprothese und konnte dann nicht mehr laufen. Und wenn Vater dann lustig wurde vom Trinken, sang er gerne:»In der Wüste der Sahara, liebt ich einst ein Mägdelein.« Und dann sagten die an-

deren:»Jetzt wird et Tid, jetzt muss Max nach Haus.«
Als Vater später Mutter heiratete, durfte er nicht mehr
so viel trinken. Nicht nur wegen ihr, sondern auch damit er nicht in Schwierigkeiten geriet, wie ich noch berichten werde. Nach dem Krieg war Vater dann zu
krank, um noch Alkohol zu trinken.

Vater trug immer einen großen Hut, und der war so
verschwitzt, dass Mutter oft sagte:»Max, du musst 'nen
neuen Hut kaufen.« Aber Vater erwiderte immer:
»Wenn ich was Neues hab', dann erkennt mich kein
Mensch mehr.«

Wie mir ein alter Weezer mitteilte, war Vater in Wee-
ze und Umgebung auch als sehr großzügig bekannt.
Wenn jemand Hilfe brauchte, sagten die Leute zu ihm:
»Geh mal nach Max.« Vater selbst kommentierte seinen
Charakter manchmal als »vor Gutheit nix wert.«

Vater war sehr heimatverbunden und sprach besser
Platt als Deutsch. Er hatte ein offenes, leutseliges Wesen und war wie seine Schwester Lene in allen Weezer
Vereinen aktiv. Sowohl er als auch seine beiden Brüder
waren im Turnverein und im Billardklub. Aber Reiten
war Vaters Lieblingssport. Er liebte Tiere, besonders
Pferde. Heute würde man ihn wohl als Pferdeflüsterer
bezeichnen.

### Der stolze Garde-Ulan

Es war wohl aufgrund von Vaters Kenntnissen im Umgang mit Pferden, dass er als großer, stattlicher Mann
im Ersten Weltkrieg trotz seiner jüdischen Religion
Garde-Ulan wurde. Er diente zunächst in Potsdam. Ein
Jude als Ulan, das war schon etwas Besonderes!

Vater kämpfte in zahlreichen Schlachten und trug schwere Verwundungen davon. Die Kriegserfahrung prägte ihn sehr und verstärkte seinen Patriotismus. Er war sehr stolz auf seine Uniform und dass er als Weezer Jude »bei der berittenen Streitmacht« hatte dienen dürfen.

Nach Vaters Tod fand ich in seiner Brieftasche ein Dokument, bei dem es sich um den »Auszug aus der Versorgungsakte des ehemaligen Ulans (Schwerkriegsbeschädigten) Max Devries« handelt. Darin sind unter der Überschrift »Mitgemachte Gefechte« die Schlachten, an denen Vater von Mai 1916 bis März 1918 beteiligt war, aufgelistet, unter anderem in Jakobsstadt, Kreuzburg, Kokenhusen, Liv- und Estland, den Vogesen und Flandern. Am 29. März 1918 wurde Vater dann bei »St. Quentin durch A. G. am Bein u. r. Schulter« so schwer verwundet, dass ihm das rechte Bein amputiert werden musste. Er verbrachte fast 1 ½ Jahre in Kriegslazaretten. Am 18. Oktober 1918 wurde Vater das Eiserne Kreuz II. Klasse verliehen.

Auch nachdem Vater sein Bein verloren hatte, hielt ihn nichts davon ab, auf Bauernhöfen rund um Weeze zu helfen, indem er die wildesten Pferde einritt und zähmte.

**Jud Maxe, der Wüstensohn**

Mein Vater ging oft zu den Veranstaltungen der Nationalsozialisten, er war ja auch sonst bei allem dabei, und gab lautstark seiner Missbilligung Ausdruck, ganz nach dem Motto, das er mir einige Jahre später in mein Poesiealbum schrieb: »Ein gerades Ziel, ein rechter Weg, und ein entschiedenes Ja und Nein.« In den Versammlungen der Nazis sagte er zu den Versammelten: »Glaubt das nicht, das ist alles Schwindel!« So nahm er als Junggeselle, mutig und niemandem verpflichtet, den Kampf auf. Er eckte damit natürlich oft an.

Als er im Spätsommer 1933 eines Tages beim Billardspiel in der Wirtschaft gegenüber seinem Elternhaus war, wurden von einigen anwesenden jungen Nazis, die nicht aus Weeze kamen, hässliche Bemerkungen gemacht. »Seht den Jüdd, wie der spielt«, riefen sie. Irgendwann war Vater es leid und sagte: »Ich will Ihnen mal was sagen, meine Herren. Die Juden sind durchs Rote Meer gekommen und kommen auch durch diese braune Scheiße.«

Bald darauf wurden Vater Handschellen angelegt, und er kam ins Zuchthaus Kleve. Der Friseur K., so sagte Vater, setzte daraufhin eine Anzeige in die Zeitung, in der stand: »Jud Maxe, der Wüstensohn, der edle Hebräer, wer ihn besuchen will, kann ihn im Luftkurort Kleve im Zuchthaus für vier Monate antreffen.« Vater fand das nicht so schlimm und sagte nur: »Da schreibt er doch wenigstens, dass alle Leute wissen, dass ich ein edler Hebräer bin.« Ein Weezer, den ich zu seinen Erinnerungen befragte, als er bereits 90 Jahre alt war, meinte dazu: »Ja, edler Hebräer hört sich besser an als Jud oder Jüdd.« Deshalb hätte er selbst danach nur immer, wenn er von Juden sprach, »Hebräer« gesagt.

Der damalige Weezer Bürgermeister Heitmeyer setzte sich für Vater ein, sodass er durch die Hindenburgamnestie schon nach drei oder vier Wochen, gerade zum Erntedankfest, entlassen wurde. Als Vater mit Herrn Heitmeyer das zum Fest geschmückte Weeze erreichte und ausstieg, konnte er es sich nicht verkneifen, freudig auszurufen: »Siehe da, ganz Weeze ist für Max geschmückt.« Vater ging übrigens auch in den folgenden Jahren weiterhin in derselben Wirtschaft Billard spielen. Er verstand sich sehr gut mit der Besitzerin, Frau Burs, und besonders auch mit ihrer Tochter Erna, und beide waren in der Nazizeit nett zu uns.

Bürgermeister Heitmeyer riet Vater nun, von seiner damaligen Weezer Freundin, einer »Arierin«, zu lassen, um nicht den Vorwurf der Rassenschande auf sich zu ziehen. Als seine ehemalige Geliebte Vater nach dem Krieg mal besuchte, regte Mutter sich sehr auf. Aber Vater sagte zu mir: »Da ist überhaupt nichts mehr. Die wollte mich nur mal besuchen, wir haben nur so über früher gesprochen.«

Nach der Entlassung aus dem Zuchthaus sagte Herr Heitmeyer nun zu Vater: »Herr Devries, Sie gehen in die Versammlungen, und Sie haben überhaupt keine Hemmungen. Bitte heiraten Sie, damit Sie sich und ihre Angehörigen nicht weiter gefährden.«

Mein Vater entsprach dem Wunsch des Bürgermeisters und schaute sich nach einer jüdischen Braut um. In Kaldenkirchen sah er Julie Hartoch aus Aachen, eine weitläufige Cousine. Er war 45, Julie 40 Jahre alt.

### Die Katze im Sack

Meine Mutter Julie wurde 1895 als jüngstes der elf Hartoch-Geschwister in Aachen geboren. Ihre Halbgeschwister waren schon erwachsen, als sie zur Welt kam, und selbst ihr jüngster Bruder war bereits vier Jahre älter als sie. So wurde sie immer als Nesthäkchen Julchen verwöhnt. Wenn Julchen tobte, dann waren alle darauf bedacht, sie zu beruhigen. Es war allerdings auch eine dramatische Zeit damals. Die Menschen waren im Allgemeinen so theatralisch, da war Mutter wohl keine Ausnahme. Zugleich wurde sie von den Verwandten oft wegen ihrer Art belächelt.

Während die Geschwister meiner Mutter alle berufstätig waren, hatte sie die Aufgabe, sich um ihre tüchtige, anspruchsvolle Mutter Rosalie zu kümmern, die bei ihrer Geburt bereits 41 Jahre alt gewesen war. Die anderen Geschwister konnten einen Beruf ergreifen und heiraten, aber Mutter war da mit allem zu spät dran. Dabei war sie gar nicht dumm und später sogar in der Lage, für meinen Vater die Bücher zu führen.

Bevor Mutter meinen Vater heiratete, hatte sie als junge Frau einen Verehrer gehabt, der sie jedoch tief verletzte und enttäuschte, als er sie zu sehr bedrängte. Sein Kommentar, er würde keine »Katze im Sack« kaufen, empörte Mutter noch Jahre später. »Was für ein unverschämter Kerl. Ich dachte, der wäre nett«, sagte sie oft.

Meine Cousine Hilde konnte sich noch gut daran erinnern, als Mädchen von meiner Oma Rosalie und Mutter häufig in Königswinter besucht worden zu sein. Der Altersunterschied zwischen Mutter und Hilde betrug 18 Jahre, und so war es der jungen Hilde unangenehm, dass sie ihre unverheiratete Tante Julie zum Tanz mitnehmen musste.

**Eine späte Heirat**

Mein Vetter Walter berichtete davon, dass er sich noch sehr gut an die Hochzeit meiner Eltern am 17. Juni 1934 in Aachen erinnern konnte. Denn wie sich heraus-

*Vater, der Garde-Ulan, stolz in seiner Uniform.*

*Vater mit einem Weezer Freund, fröhlich und beschwipst.*

*Mutter und ihre Nichte Hilde mit zwei Verehrern.*

*Die Hochzeit meiner Eltern am 17. Juni 1934.*

stellte, gab es damals gleich vier Anlässe zum Feiern: die Hochzeit meiner Eltern, den 80. Geburtstag von Oma Rosalie, den 60. Geburtstag von Mutters Halbbruder Arthur sowie Walters Bar Mitzwah. So wurde ein großes Fest organisiert und dafür in Aachen im Karlsbad Hotel ein Saal gemietet. Walter erwähnte, dass sogar ein Dichter engagiert wurde, der speziell zu diesem Ereignis ein Gedicht schrieb. Darin hieß es:»Ein vierfach Fest und sieben Lieder, das gibt's nur ein Mal, das kommt nicht wieder.« Auch wäre es bei den Feierlichkeiten zu einem kleinen Skandal gekommen, als Tante Selmas Tochter Erna dem verheirateten Aachener Rabbiner Schoeneberger eine Ohrfeige verpasste, nachdem er sich wohl an sie herangemacht hatte.

Vater und Mutter waren zwei vollkommen unterschiedliche Menschen, und es war gewiss keine Liebesheirat, die da stattfand. Mutter, die Städterin, war nobel, elegant und trug immer Schuhe mit hohen Absätzen. So kam sie nun in den kleinen, ländlichen Ort Weeze. Oft nannte mein Vater sie scherzhaft»Julchen von Hartoch«. Vater sprach sehr langsam und bedächtig, er hatte ein ruhiges Auftreten und sagte insgesamt nicht viel. Er wirkte recht bescheiden und war in sich gefestigt. Mutter hingegen war redselig, oft lustig, konnte aber auch launisch und schrill sein. Sie wollte gerne auffallen und machte sich oft um jeden Preis bemerkbar. In Weeze war sie zunächst immer durch ihre fremde, städtische Art auffällig. So putzte sie zum Beispiel nicht, wie es üblich war und erwartet wurde, regelmäßig die Fenster. Aber nach und nach begann sie sich anzupassen, machte den Garten und freundete sich mit den Frauen in der Nachbarschaft an.

Meine Eltern waren auch sehr verschieden, was offene Zuneigung betraf. Mutter vergötterte meinen Vater. Aber er konnte es überhaupt nicht haben, wenn sie irgendwie Zuneigung zeigte. Er sagte immer: »Diese läge Fitütten, wenn ich dat schon wieder hör, en Küsken und so, dieses Abgeleckte.« Er hatte als Weezer eine ganz andere Auffassung dazu. Die Leute im Dorf kannten dieses Herzliche überhaupt nicht.

# ANFANG UND ENDE DER GEBORGENHEIT

## Edith, das Zufallskind

Ich wurde im Oktober 1935 in Weeze geboren und blieb ein Einzelkind. »Du bist ein Zufallskind«, so sagte mein Vater mir gerne. Meine Mutter, die Altgebärende, war, wie sie sagte, »überglücklich« mit diesem Kind, der kleinen Edith, die sie für ihr Eigentum hielt und niemals loslassen wollte. Sie beschrieb die Geburt auf ihre typisch theatralische Weise mit den Worten: »Die Decke kam mir immer mehr entgegen!«

Mutter hatte mit Kindern wenig Erfahrung. So legte sie mich nach dem Stillen immer gleich in eine dunkle Kammer. Dann fiel ihr eines Tages auf, dass meine kleinen Beinchen krumm waren. Als sie mit mir nach Krefeld zu Dr. Hirschfelder fuhr, stellte der bei mir eine verspätete Rachitis fest. Mir mangelte es nämlich an Vitamin D, weil ich nicht ausreichend Sonnenlicht bekam. Und Mutter sagte: »Wie kann das denn? Du bist doch immer spazieren gegangen.« Die Nachbarn hätten sich sogar aufgeregt, dass sie mit mir selbst an Werktagen spazieren ging. Und die Rollläden hätte sie nur heruntergelassen, damit ich schön ruhig hätte schlafen können. Dr. Hirschfelder nahm sich später das Leben, als er deportiert werden sollte.[16]

Meine Mutter hatte eine regelrechte Affenliebe zu mir. So nannte Vater es immer. Aber dadurch überlebte ich später wohl auch Theresienstadt. Zugleich war sie auch sehr egozentrisch. Als ich später als junge Frau in Heiden in der Schweiz war, führte dort ein Dr. Neufelder mit mir einen Rorschachtest und andere psychologische Tests durch. Danach sagte er mir, ich hätte ein Hassliebe-Verhältnis zu meiner Mutter. Damals war ich empört, dass er das sagte. Aber nach all den Jahren glaube ich heute, dass das stimmte. Wenn ich weit weg war, dann empfand ich eine große Liebe zu meiner Mutter. Aber wenn ich nah bei ihr war, konnte ich sie nur schwer ertragen.

## Mit Gertrud im Kindergarten

Die ersten Jahre meines Lebens wohnten wir zur Miete in der Hermann-Göring-Straße, die nach der Nazizeit Alte Schmiedestraße hieß. Wir hatten dort in der Familie Hendriks im Nachbarhaus gegenüber besonders liebe Nachbarn. Mit Gertrud Hendriks war ich sehr befreundet. Unsere Mütter ließen uns abwechselnd im Bettchen der anderen einschlafen und trugen uns dann ins eigene Bett hinüber.

Ich besuchte mit Gertrud den katholischen Kindergarten und war dort glücklich. Ich weiß noch, wie ich es genoss, mich von Schwester Dimitria zur Strafe in die Ecke schicken zu lassen, wo ein Schrank stand. Und bald bekam auch Gertrud eine Strafe und wurde auf die andere Seite des Schranks geschickt. Das war viel schöner als mit Klötzchen spielen! Wir konnten uns hinter dem Schrank sehen und trieben nun unseren Schabernack.

Gertruds Vater war nicht davon begeistert, dass ich mit seiner Tochter befreundet war. Denn er hatte Angst, dass seiner Familie dadurch Problem entstehen könnten, und warnte seine Frau immer: »Du wirst sehen, was uns passiert.«

### Eher werfen die Soldaten die Flinte ins Korn

Während in der sogenannten Reichskristallnacht am 9. November 1938 an zahlreichen Orten in Deutschland, am Niederrhein beispielsweise in Geldern, Kleve und Goch, Synagogen in Brand gesetzt wurden und das Hab und Gut von Juden aus dem Fenster geschmissen wurde, blieb es in Weeze ruhig.

Doch selbst in unserem Ort wurden auf Befehl der Nazis jüdische Männer verhaftet und nach Dachau verschleppt. Auch Vaters Bruder Ludwig kam nach Dachau. Dort drohte man ihm damit, dass er nicht aus dem KZ käme, falls er nicht schnellstens das Land verließe.[17]

Der Schock saß danach tief. Alle dachten nun daran, Weeze zu verlassen.[18] Nur Vater wollte davon nichts wissen, hatte doch Bürgermeister Heitmeyer zu ihm gesagt: »Noch eher werfen die Soldaten die Flinte ins Korn, als dass Sie deportiert werden. Sie haben doch bei den Ulanen gekämpft! Ihnen wird nichts passieren, dafür bürge ich.« Vater glaubte ihm und hatte ohnehin keine Absicht zu fliehen. Noch im März 1935 war ihm, wie auf der entsprechenden Urkunde zu lesen ist,

*[i]m Namen des Führers und Reichskanzlers … auf Grund der Verordnung vom 13. Juli 1934 zur Erinnerung an den Weltkrieg 1914/1918 das von dem Reichspräsidenten Generalfeldmarschall von Hindenburg gestiftete Ehrenkreuz für Frontkämpfer verliehen worden.*

Und noch im Juli 1936 hatte er eine schriftliche Bestätigung erhalten, dass er das »Verwundetenabzeichen für Heeresangehörige in mattweiß« tragen dürfe.

Weil Vater bei den Bauern so beliebt war, boten ihm einige damals an, er könnte sich bei ihnen auf dem Speicher oder im Keller verstecken. Mit vielen hatte Vater bereits als Kind gespielt oder die Schule besucht. Doch er lehnte dankend ab mit der Erklärung: »Ich bin

*Mein erstes Foto.*

*Als Kleinkind in unruhigen Zeiten.*

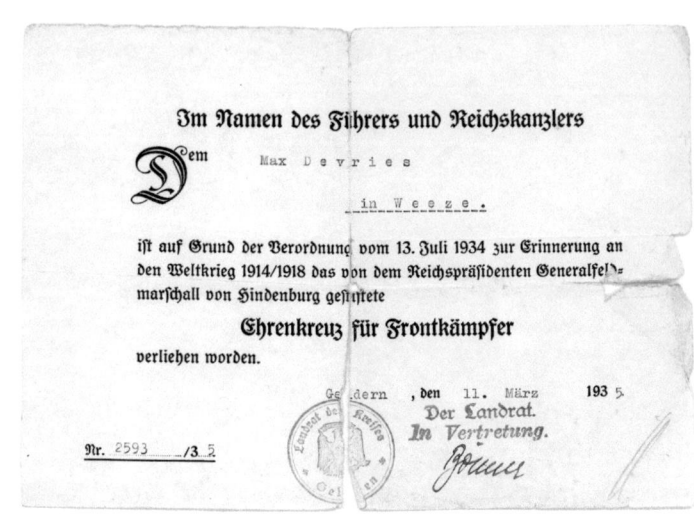

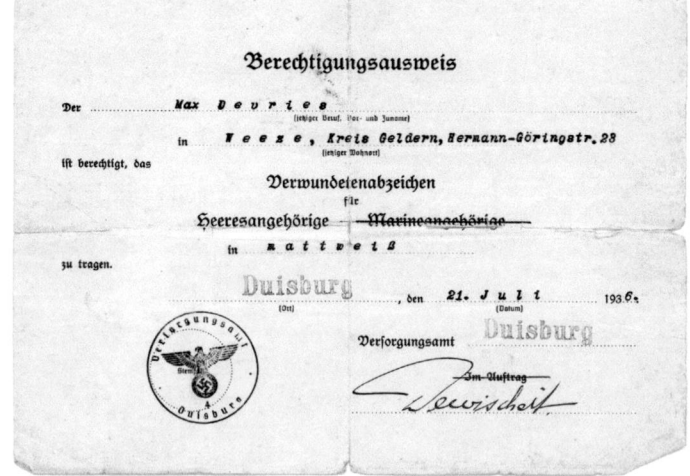

*Zwei von Vaters Bescheinigungen über seine Auszeichnungen als
Veteran des Ersten Weltkriegs.*

bekannt wie ein bunter Hund. Mich würden die Nazis bald finden und ihr bekämt Ärger.« So war Vater, er wollte niemandem Leid oder Ärger bringen.

Seine Geschwister Ludwig und Frieda mit ihren Familien und die unverheiratete Lene machten sich jedoch 1939 auf den Weg in die Ferne, nachdem Ludwig durch den Verkauf seines Hauses an einen Freund das notwendige Geld hatte auftreiben können.[19] Über ihre Flucht berichte ich später noch. Obwohl Vaters Geschwister den Krieg überlebten, sah er sie nie wieder. Er war nach dem Krieg einfach zu krank, um die Reise zu ihnen zu verkraften.

Mir ist noch in Erinnerung, dass ich Ludwig und seine Familie oft als kleines Kind in ihrem Haus in der Wasserstraße besuchte. Die ganze Familie war sehr nett zu mir, vielleicht mochten mich Ludwig und Jenny besonders, weil ich ein Mädchen war und sie ja selbst keine Tochter hatten. Meine beiden Vetter Albert und Horst neckten mich oft. Eines Tages machte ich mich ganz alleine auf den Weg zu ihnen und wurde von Vater und Mutter überall gesucht, bevor sie mich endlich dort fanden.

Ich weiß auch noch, dass ich von Mutter immer »Horstschnittchen« zu essen bekam, das waren die kleinen Stücke, in die sie mir ein Butterbrot zurechtschnitt. Erst viele Jahre später fand ich heraus, dass dieser Begriff nur in unserer Familie existierte und darauf beruhte, dass Horst als Kind recht schmächtig gewesen war und Brot nur zu sich nahm, wenn es in kleine Stückchen geschnitten war.

## Max Israel, Julie Sara und Edith Sara

Im Januar 1939 trat das Gesetz in Kraft, aufgrund dessen nun alle jüdischen Männer den Namenszusatz ›Israel‹ und alle jüdischen Frauen den Zusatz ›Sara‹ annehmen mussten. Auch in Weeze wurde diese erzwungene Namensänderung umgesetzt. So lässt sich im Weezer Standesregister neben dem Eintrag meiner Geburt aus dem Jahr 1935, die folgende handschriftliche, von Bürgermeister Heitmeyer unterschriebene Ergänzung vom 10. Januar 1939 finden:

> *Der nebenbezeichnete Kindesvater hat zusätzlich den Namen ›Israel‹ und die nebenbezeichnete Kindesmutter zusätzlich den Vornamen ›Sara‹ angenommen. Ersterer hat als gesetzlicher Vertreter des nebenbezeichneten Kindes angezeigt, daß dieses zusätzlich den Namen ›Sara‹ führe.*

Diese Namensänderung war einer der ersten wichtigen Schritte, uns Juden als solche kenntlich zu machen. Ein anderer solcher Schritt, der uns auch betraf, war die Einführung eines großen ›J‹ auf den Pässen. Ich besitze heute noch unsere mit dem großen ›J‹ versehenen ›Kennkarten‹, die 1939 ausgestellt wurden. Die enormen Belastungen der damaligen Zeit sind auf unseren auf den Passfotos abgebildeten Gesichtern deutlich zu erkennen.

Als ich fast sechs Jahre alt war, wurde dann der »Judenstern« für Kinder eingeführt. Schwester Dimitria im Kindergarten sagte zu meiner Mutter: »Frau Devries, lassen sie die Edith mal zu Hause. Denn mit dem Sternchen kann sie ja nicht kommen.« Ich denke, dass sie es gut meinte, als sie das so sagte. Für mich war das Kindergarten-Verbot jedoch recht einschneidend und machte mich sehr traurig.

## Oma Rosalies herrlicher Tod

Kurz nachdem meine Eltern geheiratet hatten, hatte Vater Mutter die große Freude gemacht, Oma Rosalie nach Weeze zu holen. So lebte sie bei uns und Mutter konnte sie weiter verwöhnen. Meine Oma ging gerne mit Mutter und mir im Weezer Krähenbusch spazieren. Oma wollte dort immer bis zu einem bestimmten Baum laufen, was Mutter ihr aber nicht mehr körperlich zutraute. So lenkte sie sie stattdessen immer geschickt auf eine Bank beim Haus Hertefeld zu, was viel näher gelegen war.

Ich kann mich noch aus meiner frühen Kindheit an Oma Rosalie erinnern und weiß auch noch, dass Gertrud und ich ihr oft ihre Pantoffeln brachten und dafür von ihr mit Pfefferminz belohnt wurden.

Oma Rosalie hatte immer gehofft, dass der Tod sie eines Tages vollkommen unerwartet überraschen würde. Und tatsächlich ging ihr Wunsch in Erfüllung, als sie im Oktober 1939, wenige Wochen vor meinem vierten Geburtstag, auf unserer Toilette im Alter von 85 Jahren friedlich entschlief. Mutter sagte darüber immer: »Das war eigentlich ein herrlicher Tod.« Sie wünschte sich auch, dass es bei ihr eines Tages so schnell gehen würde. Es war rückblickend sicherlich ein Glück, dass meine Oma 1939 verstarb und unsere spätere Deportation und den Tod von Mutters Geschwistern nicht mehr erleben musste.

## Die netten Nazis von nebenan

Auch die Familie K. war in der Hermann-Göring-Straße in unserer Nachbarschaft. Herr K. war ein großer Nazi. Vater sagte, das läge daran, dass er dreizehn Kinder hatte. Er trug immer seine braune Uniform und plauderte oft mit Vater vor unserem Haus.

Eines Tages, als Vater bei Familie K. im Wohnzimmer saß, regte er sich auf, weil Herr K. schlecht über die Juden sprach und von Hitler schwärmte. Da drohte er ihm:»Wenn du das noch ein Mal sagst, dann schlag ich dir das Zimmer kaputt!« Ich glaube, er war wohl betrunken. Aber Herr K. hörte nicht auf mit seinen Kommentaren. Da löste Vater den Gurt seiner Beinprothese und zerschlug mit dem Holzbein die Wohnzimmer-Möbel der Familie K.

Mutter weinte und jammerte die ganze Nacht. Sie hatte Angst vor den Konsequenzen von Vaters Wutausbruch. Aber kurze Zeit später kam Herr K. zu ihm und sagte nur:»Max, du weißt ja wohl, dass du mir das Zimmer bezahlen musst.« Und Vater antwortete:»Ist klar, ich bezahl dir das alles. Ist aber nett, dass du nichts weiter unternimmst.« Und damit war die Angelegenheit erledigt.

Ein anderes Mal kam Frau K. zu meiner Mutter und beschwerte sich:»Frau Devries, Sie haben den ganzen Dreck in die Straßenrinne geschüttet.« Darüber regte sich Vater sehr auf und machte meiner Mutter Vorwürfe:»Jule, jetzt wirst du was erleben! Jetzt bist du dran! Wie kannst du das auch machen?« Mutter war in Tränen aufgelöst und erwiderte, dass die Anschuldigungen doch gar nicht stimmten. Am nächsten Tag kam Frau K. zu meiner Mutter und gestand ihr weinend:»Frau Devries, ich hab' Ihnen Unrecht getan. Man hat mir erzählt, Sie waren das gar nicht, jemand hat gesehen, dass Sie das nicht waren.« Und weiter ist dann nichts passiert. Sie nahm diese Anschuldigung einfach zurück.

Nach dem Krieg hat Vater oft noch mit Herrn K. auf der Straße gestanden und mit ihm geplaudert. Das konnten manche Weezer nicht verstehen, aber so war Vater eben.

## Lebensmittel hinten rum

Familie Ramakers hatte an unserer Ecke ein Lebensmittelgeschäft. Eines Tages sagte Frau Ramakers zu meiner Mutter:»Frau Devries, Sie brauchen nicht im Laden zu warten, kommen Sie ruhig hinten rum. Sie können bei uns immer hinten rum rein.« Und bis wir nach Theresienstadt kamen, gingen wir immer durch den Hintereingang zu Ramakers, um Lebensmittel zu bekommen.

Nach dem Krieg, auch als ich bereits verheiratet war und Kinder hatte, setzten wir diese Tradition noch jahrzehntelang fort, indem wir ab und zu, wenn uns abends oder am Wochenende Brot oder Milch ausging, bei Ramakers nach Ladenschluss»hinten rum« einkauften.

Eine Weezerin in einem anderen Lebensmittelgeschäft in Weeze legte dagegen eine ganz andere Haltung uns gegenüber an den Tag. Als Mutter dort eines Tages einkaufen ging, sagte die Frau schnippisch zu ihr:»Frau Devries, für Sie gibt's aber keine Südfrüchte.« Mutter sagte erstaunt:»Wie meinen Sie das?« Und die Frau erwiderte:»Ja also, jüdische Kinder kriegen keine Südfrüchte.« Als Mutter daraufhin feststellte:»Ich hab' doch gar nicht danach gefragt«, wiederholte die Frau nur:»Ich wollte Ihnen nur sagen, Judenkinder kriegen keine Südfrüchte!«

Für Mutter war das natürlich sehr bedrückend und sie ging schnell nach Hause. Aber kurze Zeit später schellte es an der Tür und Frau Depta stand vor ihr. Die sechsköpfige, katholische Familie Depta wohnte auf Schloss Wissen, wo Herr Depta Gärtner war. Das waren sehr religiöse, gute Leute. Frau Depta sagte zu meiner Mutter: »Frau Devries, ich hab' gehört, was da gesagt wurde, und ich werde Ihnen in Zukunft immer eine Portion von uns abgeben.« Und bis wir nach Theresienstadt geschickt wurden, brachte Frau Depta immer wieder Südfrüchte zu uns.

Als ich das später einem befreundeten Holländer erzählte, der den Krieg in Weeze erlebt hatte, sagte der: »Das ist aber merkwürdig. Wir haben auch immer eine Portion Südfrüchte von ihr gekriegt.«

## Über die grüne Grenze

Mir sind aus meiner frühen Kindheit fünf jüdische Familien in Weeze bekannt, einschließlich meiner eigenen.[20] Vielleicht gab es noch andere Juden, von denen wir nichts wussten, weil sie Zugezogene waren.

Auf der Kevelaerer Straße wohnten damals Paula und Heinrich Koopmann mit ihren Kindern Marion und Rosemarie. Die beiden Mädchen waren ein paar Jahre älter als ich, Marion war 1930, Rosemarie 1932 geboren. Familie Koopmann besaß ein Haus, in dem später, nach dem Krieg, ein Geschäft für Haushaltsgeräte war. Wie mir eine Bekannte eines Tages erzählte, nannte man das Haus im Dorf das »Jüddenhaus«. Sie konnte nicht verstehen, warum ich das nicht in Ordnung fand.

Die Koopmanns waren angesehene Bürger und hatten ein offenes Ohr für ihre Mitmenschen. Sie teilten sich ihr Haus mit anderen Familien. Dahinter gab es große Stallungen, denn Heinrich Koopmann war Vieh- und Pferdehändler. Ein alter Weezer erzählte mir vor einigen Jahren, dass sein Bruder bei Herrn Koopmann gearbeitet und sogar eines Tages von ihm ein Pferd und ein anderes Mal eine schöne Taschenuhr geschenkt bekommen hätte. Eine andere Weezerin erzählte mir, sie hätte immer mit den Koopmann-Kindern gespielt, und dass Frau Koopmann den Armen im Ort oft einen »Hutspot«[21] gebracht hätte. Sie wäre eine feine Dame gewesen. Ich habe sie als stattliche, stolze Frau in Erinnerung.

Ich kann mich noch sehr gut an den Schrecken erinnern, den mir Marion und Rosemarie eines Tages zu Karneval einjagten. Sie standen plötzlich mit Masken verkleidet draußen vor unserem Wohnzimmerfenster. Ich spüre mein Entsetzen noch bis heute. Sie nahmen zwar im nächsten Moment die Masken ab, aber es half nichts, mein Weinen wollte nicht enden.

Die Koopmanns verließen Weeze heimlich bei Nacht. Am Vorabend hatten sie noch meine Eltern besucht. Frau Koopmann war sichtlich nervös und spielte die ganze Zeit mit ihrer Bernsteinkette. Meine Mutter, die damals auch durch die schwierigen Zeiten angespannt und unruhig war, sagte ihr schließlich: »Weißt du was, Paula? Nimm es mir nicht übel, aber ich kann es mir nicht mehr mit ansehen. Tu mir den Gefallen und komm ein anderes Mal wieder.«

Doch ein anderes Mal gab es nicht. Wir sahen sie danach nie wieder, denn am nächsten Tag brachte Leo

Emmers, der Pferdejockey war, sie über die grüne Grenze nach Holland. Leo Emmers war eigentlich ein Grobian, aber er versuchte, den Koopmanns das Leben zu retten. Auch zu Vater war er immer nett.[22]

## Der alte Onkel Leonhard

Es gab in Weeze auch zwei unverheiratete Geschwister mit dem Namen Koopmann, Henriette und Leonhard (1858 und 1862 geboren), die in einem Eckhaus an der Wasserstraße wohnten. Ich weiß nur sehr wenig über sie. Aber Mutter nahm ein paar Jahre nach dem Tod seiner Schwester den alten Onkel Leonhard in unsere Familie auf.

Heute ist mir bekannt, dass Onkel Leonhard ein sehr angesehener Mann in Weeze war und dass er mit seiner Schwester ein Kolonialwarengeschäft führte. Er hatte eine sehr schöne Handschrift und schrieb deshalb immer für die Weezer Sparkasse Briefe. Und er war einer derjenigen, die nach dem Ersten Weltkrieg das Weezer Kriegerdenkmal eingeweiht hatten, das es bis heute gibt und auf dem auch mein Onkel Albert erwähnt wird.[23]

## Der arme Sim Hertz

Sim Hertz, ein anderer Weezer Jude, hatte eine christliche Frau, Käthe. Sie hatten zwei Söhne, Julius und Hans. Die Familie wohnte auf der Alten Heerstraße. Käthe war eine Freundin meiner Mutter. Herr Hertz war Kleinviehhändler und hatte in der damaligen Zeit zunehmend Probleme, seine Familie zu ernähren. In unserer Familie war er beliebt.

Nachdem die Nazis an der Macht waren, sorgte die Familie von Frau Hertz dafür, dass sie sich von ihrem

*Mit Mutter und Vater im Garten, kurz bevor wir umziehen mussten.*

*Die mit einem großen J und den Namenszusätzen Israel und Sara versehenen Kennkarten meiner Eltern von 1939.*

Die beiden anderen
jüdischen Mädchen aus
Weeze: Marion und
Rosemarie Koopmann.
Ich muss heute noch oft
an sie und ihr trauriges
Schicksal denken.

jüdischen Mann scheiden ließ. Damit sollte sie sich und ihre Kinder retten. Bürgermeister Heitmeyer gab den Jungen eine Tätigkeit als Gemeindearbeiter in Weeze und meldete sie ab, wie ich später aus Unterlagen der Gemeinde ersehen konnte. Vielleicht wurde ihnen dadurch ihr Leben gerettet.[24]

Als Sim Hertz dann nicht mehr zuhause leben durfte, übernachtete er bei Bauern in der Scheune. Später wurde er angezeigt, weil er sich gegen Nazis geäußert hätte. Daraufhin wurde Sim in eine Weezer Polizeizelle gesperrt, wo er sich wenige Tage später erhängte.[25]

**Umzug wider Willen**

Eines Tages teilte unser Vermieter meinen Eltern mit: »Ich als Nationalsozialist verlange, dass die Juden Devries die Wohnung räumen.« Die Weezer Bevölkerung war zu ihren jüdischen Mitbürgern damals zum größten Teil gut, doch es gab eben auch Mitläufer und Menschen, denen es sozial durch einen Beitritt in die Nazipartei besser ging, insbesondere wenn sie viele Kinder hatten.

Das war natürlich eine schwierige Situation für Mutter, und sie hatte wenig Zeit für mich. Sie erzählte später oft, dass unser Vermieter darauf bestand, dass wir die Wohnung noch vollkommen renovierten, bevor wir auszogen. Nach dem Krieg hatte er ein Schuhgeschäft in Weeze. Wir behelligten ihn nie.

Mutter sagte damals zu mir: »Kind, das ist schön! Wir ziehen jetzt um. Dann bring mal die Gartenstühlchen rüber zur Renate und zu den anderen Kindern.« Renate wohnte gleich nebenan. Also brachte ich allen Nachbarskindern, die ich kannte, die Stühlchen. Das

Gartentischchen trug Vater herüber. Ich weiß noch, wie sehr ich mich auf unsere neue Wohnung freute.

Als ich davon vor einigen Jahren bei einem Vortrag in Weeze erzählte, stand Renate auf und sagte:»Die Stühlchen haben wir heute noch. Und ich weiß es noch ganz genau, wie Edith damit gekommen ist. Da haben wir uns so gefreut, dass wir die kriegten.« Renate gehörte mit Gertrud zu den Nachbarskindern, mit denen ich oft spielte.

Wir erhielten damals durch unseren mutigen Freund Reinhard Küsters eine neue Bleibe auf der Weller Straße, in der Nähe des Bahnhofs, nachdem er uns ein Haus, das er besaß, zur Verfügung stellte. Wir mussten ihm keine Miete zahlen. Denn Reinhard wusste, dass mein Vater alles Geld dem deutschen Reich abliefern musste. Das Haus in der Weller Straße war in Ordnung, außer dass es uns dort sehr kalt war. Im Winter glitzerten die Wände vor Eis. Vater nannte das Haus deshalb den»Eispalast«.

Reinhard war ein außergewöhnlicher Mann, ein Autodidakt, der viele Klassiker gelesen hatte und rezitieren konnte. Er war Schneider und saß beim Nähen immer im Schneidersitz auf einem Tisch. Vater nannte ihn gerne»Schneider Wibbel«. Als es während der Kriegszeit verboten war, hörte Reinhard trotzdem den»schwarzen Sender«. Zugleich war er sehr schüchtern. Die Weezer sagten immer, er wäre der Erste in der Kirche und der Erste aus der Kirche raus gewesen, so sehr hätte er die Menschen gemieden. Aber mit meinem Vater war er gut befreundet.

## Unsere neuen Nachbarn

Auf der Weller Straße fanden wir im Ehepaar Vennmann liebe Nachbarn. Sie arrangierten es immer so, dass Vater sich in ihrer Waschküche Kaninchenleber braten konnte. Denn so etwas durfte er in Mutters koscherem Haushalt nicht essen.

Ein Ereignis ist mir noch besonders lebhaft in Erinnerung. Mutter bereitete manchmal in der Küche Meerrettich zu. Frau Vennmann kannte dies nicht und fragte sie eines Tages, was das denn wäre. Mutter bot ihr daraufhin an, ein wenig zu probieren, und warnte sie zugleich, nur eine sehr kleine Menge zu sich zu nehmen. Doch Frau Vennmann aß einen ganzen Esslöffel! Kurz darauf lief sie natürlich rot an, kriegte kaum noch Luft und rannte aufgeregt durch unsere Küche und dann zu sich nach Hause. Dabei rief sie: »Mei Naas, mei Naas!«

Die Vennmanns nahmen Frau Kattelans, deren Mann Soldat im Krieg war, und ihre Tochter Marianne bei sich auf. Marianne durfte immer mit mir spielen. Ich weiß noch, dass Marianne von ihrem Vater aus dem Krieg, so sagte man, eine Sprechpuppe geschickt bekam, die »Mama« und »Papa« sagen konnte. Ich war damals sehr davon beeindruckt.

## Vater und die Hitlerjugend

Auch als wir auf der Weller Straße wohnten, stand Vater gerne, wie es seine Angewohnheit war, vor dem Haus und betrachtete das Geschehen in der Straße. Die meisten Menschen hatten Respekt vor dem großen Mann mit dem rustikalen Gehstock. Die Jungen im Dorf gingen oft zu ihm, damit er ihnen vom Ersten

Weltkrieg erzählen konnte. Mich schickte er dann immer ins Haus mit der Bemerkung:»Das ist nichts für Mädchen.«

Wenn die Hitlerjugend die Straße entlangmarschierte und Vater vor unserem Haus antraf, dann waren die Jungen plötzlich mucksmäuschenstill, wenn sie an ihm vorbeigingen. Erst wenn sie um die Ecke bogen und ihn nicht mehr sahen, sangen sie weiter:»Wenn's Judenblut vom Messer spritzt, dann geht's noch mal so gut.« Auch in unserem kleinen Ort mit 3.000 Einwohnern erklangen solche Lieder damals.

Als ich davon ein Mal bei einem Vortrag erzählte, meldete sich aus den Reihen der Zuhörer ein Herr und sagte:»Das stimmt, wovon Frau Devries spricht. Ich war dabei, bei der singenden Hitlerjugend, sang mit, wir zogen an Max Devries vorbei. Doch im Anschluss gingen wir zu ihm und ließen uns von ihm Kriegsgeschichten aus dem Ersten Weltkrieg erzählen.« So schizophren war die Zeit damals.

**Mit Hohenzollernorden**

Auf der Weller Straße gab es eine Zahnärztin, und meine Eltern waren überrascht, dass ich ohne Angst alleine zu ihr ging. Doch nach einem Besuch im Wartezimmer, wo die Leute mich mit meinem»Sternchen« angestarrt hatten, kam ich weinend nach Hause und sagte:»Keiner spricht mit mir, alle waren so komisch.« Das war natürlich schrecklich für Mutter.

Mutter selbst versuchte immer, ihren Judenstern unter einer Mappe oder einer Tasche zu verstecken. Als sie das Haus das erste Mal damit verließ, war sie einem Nervenzusammenbruch nahe, als sie wieder zurückkam. Aber Vater sagte stolz: »Ich bin durch Weeze ge-stuckt«, weil er ja mit dem Holzbein lief. »Und die ha-ben mich alle gefragt, ›Max, wat hasse denn da?‹ Und da hab ich ihnen gesagt, ›Heute habe ich den Hohenzol-lernorden verliehen bekommen!‹«

Vater war zu diesem Zeitpunkt bereits seit einiger Zeit offiziell Rentner. Im Juli 1940 hatte ihm die Reichsvereinigung der Juden in Deutschland be-scheinigt, dass er als »Kriegsopfer« 90 % Rente bezog.

## Kein Entrinnen mehr

Bürgermeister Heitmeyer stand meinem Vater bei, so-lange er es konnte. Auch Herr Listing, damals Zweiter im Gemeindewesen, grüßte Vater noch auf der Straße, indem er mit seinem Kopf nickte, und schon das war gefährlich. Seine Tochter erzählte mir vor einigen Jah-ren, dass Herr Listing die Priester im Obdachlosenasyl Petrusheim bei Weeze vor der drohenden Verhaftung warnte, und dass es diesen dadurch gelang, rechtzeitig nach Holland zu fliehen. Selbst Ortsgruppenleiter M., der ja eine wichtige Position bei den Nazis bekleidete, war ein anständiger Mensch, der vieles »übersah«, wenn es um Juden ging, obwohl er sich ganz anders hätte verhalten können.

Doch Ende Juli 1942 kam Herr Heitmeyer weinend zu Vater und sagte: »Ich habe von der Geheimen Staatspolizei die Nachricht, dass Sie mit auf den Trans-port nach Theresienstadt kommen. Das ist ein bevor-zugtes Lager. Ein Polizist wird Sie bis Düsseldorf be-gleiten. Dort werden Sie, ich schäme mich, Ihnen das zu sagen, in der Schlachthofhalle warten, bis Ihr Transport weitergeht.«

Wie viele andere mussten auch meine Eltern allerlei Verwaltungsschritte durchführen, die von den Nazis damals im Zusammenhang mit den Deportationen nach Theresienstadt gefordert wurden, um den Anschein zu erwecken, es handle sich nur um einen ganz normalen Umzug. Von der offiziellen Mitteilung über die Deportation in Form eines am 13. Juli 1942 von der »Bezirksstelle Rheinland der Reichsvereinigung der Juden in Deutschland« ausgestellten Merkblatts besitze ich heute noch die erste Seite. Hier heißt es:

*An unsere Büros und Vertrauensleute im Regierungsbezirk Düsseldorf:*

*Im Auftrag der Geheimen Staatspolizei, Staatspolizeileitstelle Düsseldorf teilen wir Ihnen mit, dass sämtliche Juden Ihres Bezirks, soweit sie nicht in Mischehe leben, zu einem Transport nach Theresienstadt eingeteilt sind. Der Transport geht ab am 25. Juli 1942 ab Düsseldorf. Ort und Zeit der Gestellung wird den einzelnen Transportteilnehmern noch durch die zuständige Staatspolizei-Aussendienststelle oder durch den Herrn Landrat oder durch die zuständige Ortspolizeibehörde bekanntgegeben werden.*

*Für den Transport werden folgende Richtlinien und Anweisungen gegeben:*
*1. Die Vermögenserklärung die jedem Transportteilnehmer zugestellt wird, ist für jede Person auch für jedes Kind ohne Rücksicht darauf, ob Vermögen vorhanden ist oder nicht sorgfältig auszufüllen und unterschrieben an die Behörde die sie ausgibt weisungsgemäss zurückzureichen. Den Vermögenserklärungen sind Sparkassenbücher, Hypothekenbriefe, sowie alle Wertpapiere beizufügen.*
*Nicht in die Vermögenserklärung werden diejenigen Sachen aufgenommen, die zum Transport mitgenommen werden. Ebenso wird an dem verfügbaren Vermögen, das nach dem Stand vom 30.6.42. einzusetzen ist, gleich der Betrag in Abzug gebracht, den der Abwandernde der Reichsvereinigung der Juden Deutschland zu spenden gedenkt (siehe Ziffer 5.)*
*2. An Gepäck dürfen mitgenommen werden:*

*1 Koffer oder ein Rucksack und 1 Bettsack in der Grösse von ca. 70 cm Breite und ca. 40 cm Höhe. Der Bettsack soll enthalten: Decken und Bettwäsche und Marschverpflegung für 2 Tage. Der Koffer soll enthalten: Kleider, Wäsche und die persönlichen Gebrauchsgegenstände und Marschverpflegung für 8 Tage. Jedes Gepäckstück muss deutlich sichtbar mit Namen versehen sein. Ein Essbesteck und ein Essnapf ist unbedingt mitzunehmen.*

*3. Jeder Transportteilnehmer hat RM 50,-- dort einzuzahlen wo es von der zuständigen Behörde angefordert wird. Gleichzeitig fordert der Vertrauensmann telegrafisch bei der Bezirksstelle, Köln Rubensstr. 33 evtl. fehlende Beträge an, falls der eine oder andere Transportteilnehmer nicht die RM 50,-- selbst hat. Es wird jedoch erwartet, dass diejenigen Glaubensgenossen, die besser situiert sind, den verarmten Glaubensgenossen die Beträge zur Verfügung stellen. Wertsachen jeder Art, wie Geld, Silber, Platin, mit Ausnahme der Eheringe sind zum Gestellungsort mitzubringen und in einem Briefumschlag verpackt, zur Abgabe bereit zu halten. Ebenso sind die nicht verbrauchten Lebensmittelmarken und Wohnungsschlüssel in einem Briefumschlag mitzubringen. Desgleichen die Abmeldungen. Die Briefumschläge haben die ausführliche Adresse des Abwandernden zu tragen.*

*4. Schreibmaschinen, sowie Fahrräder die mit Genehmigung noch im Besitz eines Abwandernden sein sollten, bleiben in der verschlossenen Wohnung stehen.*

*[Ende der vorhandenen Seite]*[26]

Am 21. Juli wurde uns vom Ernährungsamt Weeze eine Umzugs-Abmeldebestätigung ausgestellt, damit wir diese dem »Ernährungsamt (Kartenstelle) des Zuzugsortes« vorlegen könnten. In einer Anmerkung ist auf demselben Formular zu lesen:

*Vom 27.7.42 bis einschließlich 3.8.42 Urlauberkarten ausgehändigt. Seifenkarten sind im Besitz.*

Am 23. Juli unterschrieb Vater schließlich unsere »Abmeldung bei der polizeilichen Meldebehörde« und gab als Zielort unseres Umzugs am folgenden Tag

Ernährungsamt **_Weeze_** , den _21. 7._ 194_2_

Kartenstelle **_Weeze_** -Str. Nr. Fernsprecher:

## Umzugs-Abmeldebestätigung

Dem Ernährungsamt (Kartenstelle) des Zuzugsorts vorzulegen.

Zu- un Vorname: _Devries, Max, Isr._ geb. am _3.2.1890_

Beruf: _Invalide,_

bisher wohnhaft in _Weeze_ , _Keller._ Str./Pl. Nr.

hat sich heute hier abgemeldet. Außerdem verzichen folgende Haushaltsangehörige[1]):

1. Zu- und Vorname: _Devries, Julie-Sara,_ geb. am _25.8.1895_
2. " " _" Edith-Sara_ " " _25.10.1935_
3. " " "
4. " " " _Koopmann, Leonh.-Isr._ " " _7.11.1862_
5. " " "
6. " " "
7. " " "
8. " " "

Vorgenannter Verbraucher — und seine Haushaltsangehörigen — ist — sind — mit Lebensmittelkarten, ~~Reise- und Gaststättenmarken, Berechtigungsscheinen für Marmelade, Zucker und Eier bis zum 20. 7.~~ 194_2_ [2]) versorgt. Hierbei sind die noch zu beliefernden Einzelabschnitte und der Stammabschnitt der Reichsmilchkarte mit dem Stempelaufdruck „Reise" oder „Reisekarte" und dem Dienststiegel versehen worden. — Die Nährmittelkarte___ ist — sind — durch Streichung des Ortsgültigkeitsvermerkes für den Zuzugsort gültig gemacht worden. — Soweit die Einzelabschnitte bestellscheingebunden sind, ist die Rückrechnung bei dem bisherigen Einzelhändler durchgeführt[3]).

Anmerkung: (~~Selbstversorgung~~ — ~~Krankenversorgung~~ — ~~Vegetarier~~ — jüdischer Haushalt usw.:

_Vom 27.7.42 bis einschl. 3.8.42_
_Urlauberkarten ausgehändigt._
_Seifenkarten~~nn~~ sind im Besitz._

_J.A. Niesting_
Unterschrift

[Gemeinde Weeze Stempel]

_Alles hatte seine Ordnung. Unsere Abmeldebestätigung, ausgestellt im Juli 1942, wenige Tage vor unserer Deportation nach Theresienstadt._

Theresienstadt an. Leonhard Koopmann, der ja bereits bei uns wohnte, erhielt mit seinen 80 Jahren ebenfalls die Aufforderung zum Transport nach Theresienstadt. Vater unterschrieb auch für Onkel Leonhard die Abmeldung.

Wie sich aus Vaters Sparbuch bei der ›Gemeinde-Sparkasse zu Weeze‹ erkennen lässt, das 1940 eingerichtet worden war, wurde am 8. Dezember 1942, vielleicht als letzter Akt der mit unserer Deportation verbundenen Bürokratie, Vaters gesamtes Erspartes an die ›Oberfinanzkasse Düsseldorf‹ überwiesen.

## Die Deportation

Polizist Jakobs kam am Tag der Deportation zu meinem Vater und sagte:»Max, ich muss mir in Düsseldorf ein Paar Stiefel anpassen lassen, und da begleite ich euch einfach.« In anderen Orten wurden die Juden einfach abgeführt.

Reinhard Küsters nähte Vater noch Geld in die Kleidung und sagte aufmunternd zu ihm:»Es geht bald zu Ende.« Und Weezer Bauern brachten uns Proviant für die Reise, zum Beispiel Hühner und Butter.

Für mich ist in Erinnerung, dass ich mich auf unsere Abreise freute, denn es war etwas Besonderes, mit den Eltern zu verreisen. So verteilte ich fröhlich meine Spielsachen, außer meine Puppen, denn die liebte über alles. Daher wollte ich sie auf jeden Fall mitnehmen auf unsere Reise, denn ich spielte so gerne mit ihnen. Als kleines Kind hatte ich meiner Mutter mal erzählt, meine Puppe hätte ins Puppennachttöpfchen gemacht.»Dummes Kind«, sagte sie da und setzte hinzu:»Das kann nicht.« Doch das konnte, denn ich hatte selber in das Töpfchen gemacht. Meiner Mutter war das unbegreiflich gewesen.

Vor Kurzem erzählte mir eine Weezerin, dass sie sich noch daran erinnern könne, als Kind auf dem Weg zur Schule gesehen zu haben, wie kurz nach unserer Deportation Sachen aus unserer Wohnung befördert wurden. Die Leute konnten nehmen, was sie wollten. Sie wäre damals nach Hause gegangen und hätte ihrer Familie weinend berichtet: »Alles nehmen die da bei Devries aus dem Haus!«

Kaum dass wir am Tag der Deportation in Weeze in den Zug eingestiegen waren, nahm Herr Jakobs mein Rucksäckchen, in dem ich meine drei Puppen trug, und legte es in das Gepäcknetz über unseren Sitzen. Die Puppen überstanden mit ihren Porzellanköpfen keine Stunde im Zug. Denn das Rucksäckchen fiel runter und alle Puppenköpfe brachen entzwei. Ohne ihre Porzellanköpfchen konnte ich mit den Rümpfen nichts mehr anfangen, und meine Eltern schmissen sie weg. Für mich war es entsetzlich, dass ich meine Puppen nun nicht mehr hatte. Ich war untröstlich. Spätestens das war das Ende meines Kindseins, dort im Zug kurz nach unserer Abfahrt aus Weeze.

Auf der Fahrt unterhielt sich Polizist Jakobs nett mit uns. Er bot Vater sogar eine Zigarette an. So etwas war ungewöhnlich. Viele andere wurden bei der Deportation von Anfang an wie die schlimmsten Kriminellen behandelt. In der Schlachthofhalle in Düsseldorf überließ er uns dann aber unserem Schicksal.

Mir erscheint es rückblickend, als ob es zwei oder drei Tage waren, die wir in der Schlachthofhalle, gedrängt zwischen den Trennwänden der Schweineställe zubrachten, doch es war wohl nur ein Tag und eine Nacht. Wir mussten in dieser Zeit zur Registrierung, und es wurden uns alle Wertgegenstände abgenommen. Wir bekamen auch eine Lagernummer und eine Adresse in Theresienstadt zugeteilt. Ich begegnete dort einem anderen Mädchen, Uschi Mendel, das ich auch später in Theresienstadt wiedersah. Schrittchen für Schrittchen kam sie damals auf mich zugetrippelt.

Vor der Schlachthofhalle wurden wir schließlich in Viehwaggons gepfercht und mit dem Transport VII-2 nach Theresienstadt gebracht.[27] Bevor wir in die Waggons einstiegen, fand eine Leibesvisitation statt. Dabei wurde bei Vater das von Reinhard Küsters so gut eingenähte Geld gefunden und beschlagnahmt.

Ich erinnere mich noch an die lange Fahrt nach Theresienstadt. Es gab nichts zu essen, keine Toiletten. Es herrschte eine unerträgliche Hitze, denn es war ja Ende Juli. Jeder Waggon hatte nur ein kleines vergittertes Fenster. Ich war in dem unheimlichen Raum sehr verängstigt. Ohne meine Puppen fuhr ich in die Fremde. Als ich dringend zur Toilette musste, sagten meine Eltern mir verzweifelt:»So mach doch.« Die Menschen um uns klagten immer wieder über Luftnot. Vater aber blieb ruhig und bemühte sich, auch die anderen Leute zu beruhigen. Onkel Leonhard drehte auf der Fahrt durch, er konnte das alles nicht verstehen. Er beschimpfte meinen Vater:»Wie könnt ihr so etwas einem alten Mann wie mir antun?«

## Ankunft

Wir kamen nach einer mir unendlich lang erscheinenden Fahrt inmitten von Kot und Dreck in Theresienstadt an. [28] Als der Zug anhielt, fragte Mutter durch das Gitterfenster:»Entschuldigen Sie, wo sind wir hier?«»In der Irrenanstalt«, erhielt sie zur Antwort. Vater kommentierte dies bloß mit:»Was für eine Antwort erwartest du denn?«

Nun wurde der Verschlag des Viehwaggons geöffnet. Es bot sich uns ein furchtbarer Anblick. Ich sah Männer in hohen Stiefeln, die die Menschen vorantrieben. Ein Mann in SS-Uniform trat auf eine Frau ein, nachdem sie gebückt ausgestiegen war. Als sie umfiel, gab er mit einer Reitpeitsche noch Hiebe auf die Liegende.

Wir wurden wie Vieh im Eiltempo ins Innere von Theresienstadt hineingetrieben. Mein Vater musste woanders hin, denn Männer und Frauen wurden getrennt, und so wussten wir zunächst nicht, was mit ihm geschah. Er erzählte uns später, dass man ihn erstaunt gefragt hätte:»Was? Bei den Garde-Ulanen waren Sie?« Und er hätte stolz geantwortet:»Jawohl! Ich war als Jude bei den Garde-Ulanen.« Wer weiß, ob ihm dies nicht das Leben rettete?[29]

## Unser Haus

Theresienstadt war ursprünglich eine Garnisonsstadt mit vielen Patrizierhäusern. Meine Mutter und ich wurden in so einem Haus untergebracht. Ursprünglich hatte dort nur eine große Familie gelebt, doch wir waren zu 160 oder 180 Leuten. Männer und Frauen wurden in getrennten Gebäuden untergebracht.

Unser Zimmer war recht groß und hatte drei Fenster. Wir lagen zu 38 auf dem Boden auf unseren Kleidern. Im Sommer war es durch die vielen Menschen sehr warm und im Winter war der Boden sehr kalt zum Liegen. Im Raum nahm uns ein schöner weißer Kachelofen, der nie benutzt wurde, Platz fort. An der Wand hingen die paar Habseligkeiten, die nicht als Unterlage für unsere Schlafstätte dienten. Für die vielen Leute in unserem Haus gab es nur drei Toiletten. Immer wieder wurden Frauen für Transporte abgeholt. Herr Schwarzkopf war derjenige, der die Transporte immer ankündigte, wenn wieder Leute wegmussten. Er war der Hausälteste.[30] Es war ein ständiges Kommen und Gehen. Nachts um zwölf nahmen die, die abtransportiert werden sollten, ihre wenigen Sachen und machten sich zum Abschied bereit. Denn ihre Koffer hatten sie ja schon seit der Ankunft nicht mehr. Dann wurde noch die letzten Stunden geredet, bis sie abgeholt wurden. Und Mutter sagte immer: »Ihr habt es vielleicht besser als wir.« Wir wussten damals ja nicht, dass sie umgebracht werden sollten.[31]

Und immer wieder lagen im Zimmer in der Mitte Leichen. Ich sah damals so viele Tote. Je nach Bedarf wurden die Toten auf drei oder vier Liegen abgelegt, und dann wurden sie nach ein paar Tagen abgeholt. Sie waren verhungert oder an den Folgen von Hungertyphus oder auch an gebrochenem Herz über ihr zurückgelassenes Leben und ihre zurückgelassenen Lieben gestorben. Der Anblick muss für mich am Anfang sicherlich schlimm gewesen sein, doch ich gewöhnte mich daran und empfand es nicht mehr so, weil es dann einfach selbstverständlich wurde. Für meine Eltern war es sehr traurig, dass ich so etwas erleben musste. Nachts marschierten die Wanzen herum. Wenn sie zerdrückt wurden, hinterließ dies rote Flecken. Es gab auch sehr viele Läuse und Flöhe. Mutter kämmte mir jeden Abend auf der Suche nach Ungeziefer mein kurz geschorenes Haar. Ich fand es eigentlich lustig, wenn die Flöhe so in der Schüssel, die reihum ging, herumsprangen, und bedauerte es, wenn sie zerdrückt wurden. Mutter beharrte dennoch immer:»Nein, nein, nein! Auf Ediths Kopf gibt es keine Flöhe.« Sie schaffte sie stets eiligst fort, bevor die anderen sie sehen konnten.[32]

Mutter hatte wenig Zeit für mich, weil sie viel im Hausdienst arbeiten musste. Sie weinte oft im Winter, denn dann waren ihre Hände starr durch das Eisbrechen rund ums Haus und die ständige Reinigung der mit Kot beschmutzten Toiletten.[33] Und natürlich sorgte sie sich auch sehr um Vater und mich. Und sie hatte großes Heimweh. Im Innenhof unsers Hauses stand oft auf einem der Balkone Herr Schloss, der wie Mutter aus Aachen kam, und sang:»Ich möch zo Foß noh Kölle gon.« Und Mutter kamen dann immer die Tränen, und sie rief ihm zu:»Herr Schloss, hören Sie auf, hören Sie auf!«

Wäre bei meiner Mutter nicht ein fester Glaube an ihren Herrgott, ein Urvertrauen an einen väterlichen Gott gewesen, sie hätte ihren Schmerz nicht ertragen können. Sie legte am Abend, bevor ich in Theresienstadt einschlief, die Hand auf meinen Kopf und segnete mich:»Der liebe Gott behüte und beschütze dich.« Es beruhigte mich inmitten des Elends.

An viele der Frauen in unserem Zimmer erinnere ich mich noch gut. Sie erzogen alle gemeinsam an mir herum, und rückblickend sind sie für mich wie Verwandte. Es kamen noch andere Frauen als die, die ich hier erwähne, für einige Tage zu uns, doch an ihre Namen oder was mit ihnen geschah, kann ich mich leider nicht mehr erinnern. Ich glaube, dass alle von uns jüdisch waren, aber manche waren mit Nicht-Juden verheiratet. Frieda Weinhausen lag neben mir im gleichen Zimmer auf dem Boden. Auf der anderen Seite von mir lag Mutter. Frieda und ihr Mann Emil kamen aus Aachen und kannten meine Eltern schon aus der Zeit vor Theresienstadt. Sie hatten keine Kinder. Auch Emil Weinhausen war in Theresienstadt, und auch er war, wie Vater, Kriegsveteran und beinamputiert.

Frieda provozierte Mutter gerne, indem sie sie morgens, wenn Blutflecken zu sehen waren, fragte, ob sie wieder Wanzen zerdrückt hätte. Meine Mutter wies dies immer entschieden von sich, aber Frieda fragte beharrlich weiter. Mutter tötete die Wanzen heimlich, aber behauptete vor Tante Frieda stets, sie hätte »nie Ungeziefer, nie!«

Die alte Frau Peine war die einzige Lehrerin, die ich hatte. Ich hatte bei ihr Bibelstunde. Sie war eine kleine Frau und ganz ausgemergelt, aber sie hatte zugleich ein dickes Kugelbäuchlein. Mutter gab ihr dafür, dass sie mir etwas beibrachte, ein wenig von unserem Brot ab. Auch sie starb schließlich und lag in der Mitte unseres Zimmers.[34]

Auch Martha Vasen lebte im selben Zimmer. Sie weinte jeden Tag und jede Nacht um ihre Tochter Friedchen, die sie zuhause in Erkelenz zurückgelassen hatte. Martha sah für mich damals wie eine Hexe aus, weil sie so wilde Haare hatte. Sie war mit einem Christen verheiratet.

Edith Herz und ihre Mutter Käthe aus Duisburg waren die Bevorzugten in unserem Zimmer, denn sie hatten beide mit den SS-Leuten Kontakt und gingen mit ihnen aus. Ich erinnere mich noch, dass Edith, die damals siebzehn oder achtzehn Jahre alt war, ein Kostüm trug und sang:

*Bitte schau'n Sie mich genau mal an.*
*Hergestellt bin ich aus Meißners Porzellan.*
*Wer mich ansehen will, muss verstehen,*
*mit Meißners Porzellan angemessen umzugehen.*

Das übte sie damals in unserem Zimmer.

Grete Lode war ebenfalls in unserem Zimmer. Mit ihr und ihrem Mann Willi waren wir gut befreundet, sie waren wohl Anfang oder Mitte 30. Ich habe sie als lustige Leute in Erinnerung. Sie gingen außerhalb des Konzentrationslagers in einer Hütte zum Glimmerspalten. Mir erschien es damals in Theresienstadt so, als würden die Lodes bevorzugt, weil Willi nützliche Kenntnisse hatte und eventuell mit den Nazis kooperierte.

Auch Frau Fried lag in unserem Zimmer. Sie trug immer ein Betttuch um ihren Kopf gewickelt und sagte dennoch ständig: »Es blost mir so am Kopf herum.« Frau Fried war schon alt und ich glaube nicht, dass sie überlebte.

Dann gab es noch eine Frau Proknopf aus Duisburg oder Essen, die mich gerne damit unterhielt, dass sie mit einem Nachttopf auf ihrem Kopf und Witze machend über unsere Nachtlager lief. Mir machte das Spaß und ich spornte sie an: »Noch mal, noch mal!« Frau

Proknopf kam ganz dick in Theresienstadt an und war nachher auch nur noch ein Gerippe. Flora Schweizer war eine sensible, feine Dame aus Mainz, die älter war als Mutter. Sie lebte zuerst in unserem Zimmer, dann im Nebenzimmer. Als sie Eis hacken sollte, beschützte Mutter sie, indem sie ihr diese Arbeit trotz ihrer eigenen Gichthände abnahm.[35]

In unserem Haus lebte auch Elli Wischmann, die immer um ihren Sohn weinte, den sie in Deutschland zurückgelassen hatte. Sie lebte im Nebenzimmer. Rückblickend glaube ich, dass sie vielleicht ›Halbjüdin‹ war. Ich hörte mir damals stundenlang ihre Geschichten an und litt mit ihr. Ich bin mir nicht sicher, ob sie überlebte.

Und dann war da noch Frau Weissbecker, auch in einem anderen Zimmer, sie war ebenfalls eine Freundin von mir. Auch sie weinte immer um ihren Sohn, und ich versuchte, sie zu trösten.[36]

## Vaters Haus

Vater hatte Glück, denn in dem alten Haus, in dem er unterkam, organisierte er sich, wie man es damals nannte, irgendwann eine Kammer. Sie sah ungefähr so wie eine Waschküche aus, war aber noch kleiner. Ich nehme an, der Raum war früher eine Vorratskammer gewesen. Darin standen nun drei Stahlbetten, die Vater sicherlich auch ›organisiert‹ hatte, sowie ein Bunkerofen. Der kleine Bunkerofen ist mir ganz besonders in Erinnerung geblieben. Er erwies uns gute Dienste.

Ein Bett nutzte Vater, in den beiden anderen lagen meist Herr und Frau Hauschner.[37] Herr Hauschner hatte eine Narbe, sicher durch eine Kriegsverletzung im

Ersten Weltkrieg. Er verhielt sich mir gegenüber immer eigenartig. Wenn er mich sah, sagte er immer gleich: »Aus dir wird nie was.« Das machte mich furchtsam und ängstlich. Ich wich ihm immer aus. Er stellte bei mir mit dem ständigen Wiederholen dieser Aussage viele Komplexe her und war auch sonst nicht nett zu mir. An Frau Hauschner fehlt mir jede Erinnerung.

Mein Vater kümmerte sich in seinem Haus auch um zwei Adelige, Baronin Maria Rausch von Traubenberg[38] und Frau von Ploennies.[39] Er sagte später immer: »Die wären umgekommen ohne mich.« Denn diese Damen waren es gewohnt, Bedienstete zu haben, die sich um alles kümmerten.

Ich erinnere mich noch, dass die Baronin mir davon erzählte, dass sie in Berchtesgaden, wo Hitler seine Sommerresidenz hatte, sah, wie die Menschen die Erde, über die er gelaufen war, in Blumentöpfen sammelten.

In Vaters Haus gab es auch einen Herrn Spaniol, dessen Frau sich ebenfalls in Theresienstadt befand.[40] Viele Jahre später traf ich wieder auf ihn, als ich in den 80er Jahren die Leitung des jüdischen Kindergartens in München übernahm und er dort Hausmeister war. Sein Name war mir noch vertraut, aber ihn selbst hätte ich nicht wiedererkannt.

## Überall Krankheiten

Überall winkte der Tod in Theresienstadt. Es gab Darmerkrankungen, Gelbsucht, Typhus. Ich hatte, während wir dort waren, drei Mal Gelbsucht. Mutter glaubte damals, dass dies mit der Deka-Margarine, die wir bekamen, zu tun hatte. Behandelt wurde ich nicht.

Vater sah ich nur selten. Ihn aufzusuchen war immer aufregend für Mutter und mich. Wir konnten nie wissen, ob er noch da sein würde. Denn einerseits gaben die Nazis oft Befehl Leute abzutransportieren. Wir wussten nicht, wohin sie kamen, und das Aussuchen erschien uns wahllos. Andererseits gab es immer die Sorge, Vater könnte uns durch den Tod genommen werden, durch den Umgang mit kranken Menschen oder durch verschmutzte Toiletten.

Während der Zeit in Theresienstadt hatte Vater drei Mal Hungertyphus. Viele Menschen starben damals an Typhus. Ein Mal wurden Mutter und ich zu Vaters Unterkunft gerufen. Vater lag auf dem Boden. Mutter fing gleich an zu weinen, als sie ihn sterbensbleich sah, und sagte:»Kind, er ist tot.« Doch Vater versuchte sich aufzusetzen und sagte in sehr barschem Ton:»Merk dir das, Jule, der ist nicht tot, der ist nicht so schnell unterzukriegen. Schäm' Dich, du heulst hier rum, statt mir aufzuhelfen. Wir müssen durchkommen, wir schaffen das. Ich will das nicht mehr sehen!« Mutter war natürlich überglücklich und fasste Mut. Ein anderes Mal schimpfte er, als er aus seinem Fieberschlaf erwachte und uns weinend sah:»Wir dürfen uns nicht unterkriegen lassen, ich werde wieder gesund. Ihr Heulsusen, ihr Weicheier!«

Und Vater schaffte es tatsächlich immer wieder, zu Kräften zu kommen. Er selbst musste viele Menschen aus dem Haus transportieren, die der schnelle Tod ereilt hatte. Sie waren durch das dürftige Essen zu geschwächt. Auch sie wurden auf Bahren gelegt und schließlich auf den Handkarren fortgetragen, auf denen auch unser Brot befördert wurde.

## Verwandte und alte Bekannte

Onkel Leonhard war, wie bereits berichtet, schon während des Transports nach Theresienstadt ganz wirr im Kopf gewesen.[41] In Theresienstadt angekommen, gaben wir ihm noch manchmal Brot von uns ab, aber er verhungerte schließlich. Er starb auf einer Holzpritsche in einem großen Saal liegend. Ich sehe noch den alten, abgemagerten Mann, wie er da lag. Meinen Eltern machte er den Vorwurf:»So einen alten Mann zu verschleppen, verhungern zu lassen, schämen sollt ihr euch.«

Mutters Halbschwester Selma war 23 Jahre älter als sie und schon 70 Jahre alt, als sie nach Theresienstadt kam. Dort wurde sie bald krank, und wir besuchten sie mehrmals. Es gab drei Betten in ihrem Zimmer, aber Tante Selma lag im Gang auf dem Boden, wo die Leute entlangliefen und über sie hertrampelten. Sie war einfach zu schwach und hatte nicht genug zu essen, weil sie sich ja nichts holen konnte. Sie starb nach nur einem Monat in Theresienstadt.[42]

Auch andere Geschwister von Mutter wurden zunächst nach Theresienstadt deportiert, wo sie einander noch wiederfanden. Doch sie gerieten später in Transporte nach Auschwitz und kamen dort um. Ich kann mich zum Beispiel noch daran erinnern, Mutters Halbschwester Emma gesehen zu haben, bevor sie weitertransportiert wurde. Wir wussten nicht, dass sie in die Gaskammer kamen, aber wir wussten, dass sie wegkamen.

Zu meinem siebten Geburtstag im Oktober 1942 erhielt ich von der Familie Max Sander ein nettes Gedicht. Ich kann mich leider nicht mehr an diese Familie

*Ich kann mich noch daran erinnern, sie vor ihrem Tod gesehen zu haben: (v.o.n.u.) Onkel Leonard aus Weeze und Tante Selma aus Luxemburg, die in Theresienstadt verhungerten. Und Tante Emma aus Aachen, die weitertransportiert und umgebracht wurde.*

| 4. | Fortsetzung von Seite *3* | | | | |
|---|---|---|---|---|---|

*Mutters nutzlose Spar-Karte. Auch Vater besaß ein solches gesperrtes Guthaben bei der Bank der Jüdischen Selbstverwaltung Theresienstadt.*

*Vaters Theresienstädter Bescheinigung als Schwerkriegsbeschädigter.*

erinnern und weiß nicht, wer diese Leute waren und ob wir sie bereits vor Theresienstadt gekannt hatten. Es erscheint mir allerdings so, wenn ich das Gedicht lese, denn dort steht:

*Unserer lieben Edith Devries*
*Zum 7. Geburtstag!*
*Heut soll ein Freudentag doch sein -*
*Für Dich geliebtes Edithlein -*
*Drum wünschen wir von Herzen Dir*
*Viel Glück und Segen für und für -*
*Es tut uns nur so furchtbar kränken*
*Weil wir Dir können hier nichts schenken -*
*Im nächsten Jahr sind wir zu Haus -*
*Sieht Dein Geburtstag anders aus -*
*Da werden alle Gratulanten -*
*Die Eltern, Freunde und Bekannten -*
*Geschenke bringen - noch und noch!!*
*Drum warte nur 1 Jährchen drauf*
*Hier feiern wir dies Täglein mieß -*
*Im nächsten Jahr bei Max Devries,*
*in Weeze am schönen Niederrhein*
*Da wollen wir wieder glücklich sein*
*Familie Max Sander*

Der Mut unseres Nachbarn in Weeze, Reinhard Küsters, zeigte sich auch daran, dass er mit uns über seine Haushälterin, Fräulein Peters, auch in Theresienstadt den Kontakt aufrechterhielt. Auf einer Karte, die wir dort im August 1943 erhielten, schrieb Fräulein Peters uns:

*Werte Familie Devries,*
*Eure Karte erhalten, die Grüße an alle Bekannten sind bestellt und freut uns dass ihr noch gesund seid. Es war eine Überraschung für alle, als von Ihnen ein Gruß eintraf. Küsters ist sehr gesundheitlich mitgenommen. In Weeze ist noch alles beim alten. Mit den besten*

*Wünschen und Grüßen von allen Bekannten grüßt, Fräulein Wilhm.* Peters

## Andere Kinder

Es gab nicht viele Kinder, mit denen ich in Theresienstadt zu tun hatte, kaum eine Handvoll. Die meiste Zeit in Theresienstadt verbrachte ich daher ohne Spielgefährten, immer unter kranken, alten Menschen. Ich sah immer nur Elend, und es fehlte an Verständnis und Liebe. Es fiel nur selten ein liebes, tröstendes Wort. Es fehlten die glücklichen Momente, es fehlte auch das kindliche Lachen.

Die meisten anderen Kinder wurden in Kinderheimen und nicht, wie ich, mit ihren Eltern untergebracht. Mütter taten das ganz selbstverständlich, ich hätte meine Kinder auch sofort ins Kinderheim gegeben. Denn dort gab es ja gute Möglichkeiten für sie.

Doch meine Mutter weinte und flehte und erreichte beim Hausältesten, Herrn Schwarzkopf, dass sie mich die ganzen Jahre über bei sich im Zimmer halten konnte. Er sagte, als sie ihn anflehte:»Frau Devries, nun stellen Sie sich nicht so an. Wenn Sie ordentlich arbeiten, dann können Sie das Kind hier behalten.« Und so blieb ich immer unter Erwachsenen.

Ich beneidete damals die anderen Kinder, denn sie hatten Erzieher, während ich immer in unserem Zimmer war und gar keine Unterhaltung hatte. Ich lernte später ab und zu andere jüdische Leute kennen, die damals auch als Kinder in Theresienstadt waren und im Kinderheim überlebt hatten. Die meisten Heimkinder wurden allerdings geschlossen abtransportiert und überlebten nicht.[43]

Wir waren zunächst drei Kinder in unserem Zimmer und hatten Spaß, Hermi Rechtschaffen, Uschi Mendel und ich. Uschi Mendel war mir ja schon in Düsseldorf begegnet, als wir in der Schlachthofhalle waren. Ich freute mich sehr, als sie in Theresienstadt in mein Zimmer kam. Doch nach wenigen Tagen erfuhr ich, dass Uschi und Hermi ins benachbarte Kinderheim umziehen sollten. Uschi verschwand und ich sah sie nie wieder.[44]

Doch Hermis Mutter, die, soweit ich mich erinnere, Paula hieß, erreichte schließlich wie meine Mutter, ihren Sohn bei sich behalten zu können. Sie war mit einem Kapo befreundet, einem jüdischen Bewacher, der ihr manche Erleichterung verschaffte und auch dies erreichte. Sie erhielten mehr Essenskarten als wir und konnten sich auch oft in einem kleinen Haus, einer Art Hütte, aufhalten. Daher blickten viele Zimmer-Mitbewohnerinnen mit etwas Argwohn und, ich meine, Neid auf die drei. Es hätte ja einmal sein können, dass dieser Mann zugunsten seiner Geliebten die anderen denunzierte, wie so etwas leider oft dort geschah, wenn Menschen ihre eigene Haut retten wollten.

Eines Tages kam Herr Schwarzbart, der Kapo, weinend zu uns. Wir wussten nicht recht, was los war. Dann erzählte er uns, dass Hermi und seine Mutter weg wären. Auch sie hatten eine Aufforderung zum Weitertransport erhalten. Herr Schwarzbart hatte die Aufgabe, mit der SS gemeinsam noch arbeitsfähige Leute auszusuchen und, oft auch wahllos, die Menschen nach links oder rechts zu weisen. Rechts bedeutete, sie konnten noch in Theresienstadt bleiben. Links bedeutete, sie mussten zum Transport in anderes Lager, oft in den

Tod. Hermi und seine Mutter hätten angestanden und wären schließlich an die Reihe gekommen. Herr Schwarzbart erzählte, er hätte kräftig und deutlich »nach rechts« gesagt, und Frau Rechtschaffen hätte sich, den Jungen an der Hand, nach rechts bewegt. Doch da hätte Hermi losgeschrien:»Nein, nein, ich möchte mit dem Zug fahren, ich will mit dem Puff-Puff fahren!« Da gab es kein Entrinnen, der SS-Mann glaubte an einen Irrtum mit dem Urteil »nach rechts«, denn Kinder kamen immer nach links. So wurde Hermann mit seiner Mutter ins Vernichtungslager transportiert. Vielleicht hätten sie überlebt, wenn Hermi nicht so geweint hätte.[45]

Ein anderes Mädchen, das ich in Theresienstadt kannte, war Inge Auerbacher, die, so wie ich, mit ihren Eltern zusammen geblieben war. Inge war ein Jahr älter als ich. Sie lebte in einer Kaserne, unter ganz anderen Bedingungen als wir. Wir lagen in einem Zimmer, aber sie waren in einer Gemeinschaft mit vielen Menschen zusammen. Dort wurden die Kinder trotzdem erfasst, um Schule und Unterricht zu haben. Im Gegensatz zu mir nahm Inge damals mit anderen Kindern an Interessengruppen teil.

Eines Tages gerieten wir in einen Streit wegen einer Puppe, die wir fanden. Sie hatte weder Kopf noch Beine. Ich sagte zu Inge:»Ich möchte die so gerne haben, meine ist doch weg.« Aber Inge, die ihre Puppe noch hatte, sagte nur:»Nein, wer sie zuerst gesehen hat, behält sie auch.« Das fand ich natürlich schlimm.

Inge hat später über ihre Erinnerungen an ihre Kindheit ein sehr erfolgreiches Kinderbuch mit dem Titel *Ich bin ein Stern* geschrieben.[46] Ein ehemaliges Kindergartenkind von mir, Emanuel Rund, drehte auch einen Dokumentarfilm über sie, »Alle Juden raus«, für den ich ebenfalls interviewt wurde.[47] Es war sehr schön, nach all den Jahren Inge wiederzusehen, und wir blieben danach in Kontakt. Als ich mit ihr sprach, sagte sie mir, sie hätte immer noch ein schlechtes Gewissen, dass sie mir die Puppe damals nicht überlassen hätte.

Es gab noch einen Jungen, den ich in Theresienstadt kannte, Helmut Feller.[48] Ich war schon sehr naiv damals. Als wir eines Tages einen Fisch fanden, sagte Helmut zu mir: »Hast du schon mal gesehen, dass man einen Fisch teilen kann? Nein, das geht nicht, also muss ich den kriegen.« Und dann nahm er den Fisch einfach mit.

Leider verlor ich nach der Befreiung den Kontakt zu Helmut. Das letzte, was ich von ihm weiß, ist, dass er mit seiner Mutter nach Amerika auswandern und Rabbiner werden wollte. Ich bin mir nicht sicher, wo er in Theresienstadt untergebracht war.

**Eine endlos lange Nacht**

Unsere schreckliche Nacht im Bauschowitzer Kessel, einem kleinen Tal außerhalb der Festung Theresienstadt, bleibt mir unvergessen. Wir mussten dort damals zu Tausenden stundenlang stehen und ich hatte schreckliche Angst, erdrückt zu werden. Mutter bemühte sich, mir in der Menschenmenge Luft zu verschaffen.

Bis heute sehe ich die SS-Männer vor mir, die uns ringsum umgaben und von oben auf uns herabblickten. Damals glaubten wir, dass die Nazis uns alle erschießen würden. Während der Nacht wurden Bettlaken aufgespannt, damit die Leute ihre Notdurft verrichten konnten. Nach vielen Stunden wurde uns dann plötz-

lich gesagt, es wäre nur eine Zählung gewesen und wir
würden nun wieder zurückgebracht. Viele Menschen
starben in der Nacht vor Erschöpfung oder Angst. Ich
erinnere mich noch, wie wir durch das Tor wieder nach
Theresienstadt reingeführt wurden und wie sehr sich
meine Mutter an mich klammerte.[49]

## Immer auf der Suche nach Essbarem

Ich kann mich nicht sehr gut daran erinnern, wie ich die
Tage in Theresienstadt verbrachte. Die meiste Zeit lun-
gerte ich einfach herum. Doch eine meiner Hauptbe-
schäftigungen war es, für mich und meine Eltern Essen
zu beschaffen. In den Tonnen, in die die Überreste der
maschinell geschälten Kartoffeln kamen, suchte ich
nach kleinen Kartoffelklümpchen. Diese kleinen Kar-
toffelreste, die ich aus der matschigen, wässrigen Masse
herausfischte, fand ich lecker.

Kartoffelschalen lagen als Abfall in der Dresdener
Kaserne herum und waren leichter zu bekommen.
Nachdem Vater sein Bunkeröfchen aufgetrieben hatte,
rösteten wir sie darauf. Sie erschienen mir damals feiner
als Chips!

Ab und zu wurden auch für uns verfaulte Kartoffeln
abgewogen, und wenn dann welche runterfielen, schickte mich Mutter ganz schnell auf den Boden, um sie vor
den anderen Kindern zu erwischen. Doch oft waren die
anderen schneller als ich, und Mutter konnte sich nicht
beruhigen über meine Ungeschicklichkeit!

Wo gingen nur all die guten Kartoffeln hin? Die erhielt sicherlich die SS, denn wir erhielten Tag für Tag
zumeist nur eine Wassersuppe mit ungaren Graupen.
Und doch waren wir recht verlegen darum. Ich stellte

mich wieder und wieder vor der Ausgabe der Suppe an. Wenn ich erkannt wurde, wurde ich weggeschickt.

Eine junge Tschechin, an deren Namen ich mich nicht erinnere, gab meiner Mutter manchmal Brot und andere Dinge, die wir selbst nicht bekommen konnten, denn in der Anfangsphase bekamen die Tschechen noch Pakete. Ich glaube, Mutter wusch im Gegenzug Wäsche für sie und andere Tschechinnen. Die junge Tschechin nannte mich immer »Edithko« und »Aff« und sagte mir oft, dass ich mir die Augen nicht gewaschen hätte. Ich verstand damals nicht, dass das als Witz gemeint war, weil ich so dunkle Augen hatte.

In einer Grünanlage vor den Kinderheimen in Theresienstadt kam eines Tages eine alte Frau auf mich zu. Sie zeigte mir auf dem Rasen Löwenzahn, Scharfgabe, Sauerampfer, Breit- und Spitzwegerich. »Du musst das immer suchen und essen. Es gibt sonst keine Vitamine hier«, sagte sie zu mir. Ich begegnete ihr danach noch einige Male und beherzigte ihren Ratschlag, indem ich überall nach Kräutern Ausschau hielt. Auch später in meinem Leben suchte ich im Grünen nach diesen Heilkräutern, doch erst nach vielen Jahren wurde mir klar, warum ich das so machte.

Mit Inge erlebte ich etwas besonders, als wir ein Mal in die Landwirtschaft gingen, wo für die SS Obst und Gemüse angebaut wurde. Dort begegneten wir vor dem Tor einem mit Auszeichnungen dekorierten Nazi, einem Scharführer. Er sagte zu uns: »Was wollt ihr kleinen Hexen denn?« Wir erschraken sehr und sagten schnell: »Wir wollen nichts«, und rannten los, ohne uns umzusehen. Doch der Mann rief uns hinterher: »Kommt her, was soll das?« Geduckt und erschreckt sahen wir in sein freundliches Gesicht.

»Geht mal in den Keller und lasst euch was Grünes zum Essen geben. Und dann kommt ihr wieder hoch.« Er schien es ernst zu meinen, denn im Keller wurde tatsächlich das Gemüse geschält. Aber wir hatten Angst und sagten schnell:»Nein, wir gehen nicht, wir gehen nicht!« Da erwiderte er:»Na, dann muss ich mit euch gehen.« Und dann begleitete er uns in den Keller, und wir stopften uns unsere Kleidung voller Gemüse. Vollbepackt kamen wir zu unseren Eltern zurück. Das Gemüse wurde roh gegessen. Vielleicht verdanken wir auch diesem Mann unser Leben. Denn wir gingen noch mehrere Male ins Kellergewölbe und bekamen Gemüse. Ein Mal wurde ich von einer Ghettowache erwischt, wie mir durch den Saum meiner Jacke das Gemüse aus der Jackentasche fiel. Er packte mich am Nacken und drohte:»Jetzt wirst du erleben, was mit dir geschieht!« Ich rannte fort und hatte danach schreckliche Angst, was für Konsequenzen diese Begegnung haben könnte.

Wenn ich an die stetige Suche nach Nahrung denke, fällt mir ein anderes Ereignis ein, für das ich mich bis heute schuldig fühle. Es gab in Theresienstadt eine Stelle, wo Kalk angemacht wurde. Eines Tages fand ich ein Blatt Papier und wickelte etwas Kalk darin ein. Dann kam eine alte Frau dahergelaufen, und ich sagte zur ihr, ich würde ihr gerne etwas Käse schenken. Die Frau erwiderte, ich sollte den Käse besser zu meinen Eltern bringen. Aber ich erwiderte nur:»Nein, der ist für Sie.« Sie freute sich darüber sehr. Ich weiß, dass ich ja nur ein Kind war, aber trotzdem finde ich mein Verhalten bis heute furchtbar.

## Für etwas Milch und Brot

Eines Nachmittags, ich denke ich war sieben oder acht Jahre alt, streunte ich wieder durch Theresienstadt, vielleicht auf der Suche nach Kräutern oder einer Begegnung mit Inge oder Helmut. Da hielt mich ein Mann in weißem Kittel an der Kaserne Krankenhaus an. Ich meine, es war ein Arzt.

»Möchtest du Milch und Brot?«, fragte er mich. Scheu nickte ich. Er ging fort und kam nach einiger Zeit wieder, in den Händen eine Tasse und ein Stück Brot. Er führte mich recht freundlich hinter das nächste Gebäude, wo hinter einem Drahtverhau Menschen standen, deren Anblick mich erschreckte, weil sie für mich verrückt aussahen. Dann nahm er mich in ein kleines Wäldchen mit, vielleicht waren es auch nur einige Bäume, hinter der Grünanlage, die Kirchwiese genannt wurde. Ich suchte dort immer nach Kräutern. Er setzte sich auf eine Bank und gab mir die Tasse Milch und das Brot. Dann forderte er mich auf, mich auf seinen Schoß zu setzen.

Ich fühlte, wie er sich an mir zu schaffen machte, und plötzlich eine Wärme, die mir erst unangenehm und dann peinlich war. Ich sprang auf und schmiss das Brot und die Tasse Milch hin und lief so schnell ich konnte davon. Er bewegte sich zunächst nicht, war scheinbar zu sehr durch meinen schnellen Aufbruch überrascht. Doch dann schrie er mir hinterher: »Wenn du was sagst, bring' ich dich um!«. Ich lief wie um mein Leben, lief und lief bis zu unserem Haus. An einem der drei kleinen Gemeinschaftswaschbecken wusch ich meinen Unterleib, versuchte so die unangenehme Berührung fortzuwaschen. Doch ich wurde von dem Unangenehmen nicht befreit und es befasst mich bis heute. »Mutter«, sprach ich zaghaft, es war mein erster Versuch ihr von meinem Erlebnis zu berichten. »Ja, was willst du?«, kam ihre barsche Antwort. Und wieder: »Ja, was willst du?« Sie war ja selbst so in Not mit ihrer Toilettenarbeit und dem oft an Hungertyphus erkrankten Vater. »Ja, was willst du?«, hörte ich sie ganz von weitem fragen und erwiderte resigniert: »Nein, nichts.«

So konnte ich mich ihr nicht anvertrauen. Je öfter ich den Versuch unternahm und ihr zurief: »Mutter!«, und ihr barsches »Ja, was willst du?« zur Antwort bekam, desto weniger konnte ich meine innere Not loswerden. Sie wuchs in mir zu einem Graben, der mir immer größer und weiter wurde und den ich schwer überspringen konnte.

## Besucher aus der Schweiz

Ein anderes Ereignis, das sich mir besonders einprägte, war der Besuch der Schweizer Kommission. Ich weiß noch, dass eine Musikkapelle spielte und dass uns die Wangen rot geschminkt wurden. Dann wurde uns Schokolade in die Hand gegeben und wir mussten rufen: »Nein, Onkel Rahm, wir wollen keine Schokolade mehr.«[50]

Ich erinnere mich auch noch daran, dass ich einem Kleid nachtrauerte, das sich in unserem Gepäck befunden hatte. Unsere Koffer bekamen wir ja nie wieder, nachdem wir sie beim Eintreffen in Theresienstadt hatten abgeben müssen. Meine Mutter hatte deshalb zum Beispiel Probleme, für mich passende Kinderschuhe zu finden, weil ich schon damals recht große Füße hatte.

Nur Damenschuhe konnte sie organisieren, und so trug ich diese während der Jahre in Theresienstadt.

Als dann für die anstehende Inspektion durch die Schweizer Kommission, also das Rote Kreuz, zum Schein die Geschäftslokale in Theresienstadt mit Waren angefüllt wurden, waren für kurze Zeit mit Ghettogeld Dinge zu kaufen. Sowohl Vater als auch Mutter hatten sogar ein Sparbuch, Spar-Karte genannt, bei der ›Bank der jüdischen Selbstverwaltung Theresienstadt‹, auf das sie regelmäßig ihren Lohn einzahlten. Aber es handelte sich hierbei um ein Sperrguthaben, mit dem ohnehin im Allgemeinen nichts anzufangen war.

Doch dann entdeckte ich, als die Läden plötzlich anlässlich der Inspektion durch das Rote Kreuz mit Waren aus den geplünderten Koffern der Deportierten gefüllt wurden, in einem Bekleidungsgeschäft das geliebte Kleidchen von mir wieder. Sogar das Wäscheschildchen mit meinem Namen war noch dran. Daraufhin weinte ich und bettelte, bis meine Mutter tatsächlich für mich das Kleid kaufte, obwohl es mir inzwischen schon zu klein war.

**Die Russen kommen**

Vater stand in Theresienstadt oft, so wie zuhause in Weeze, auf der Straße vor dem Haus. Eines Tages kam ein SS-Mann entlang gelaufen und sagte zu ihm: »Kopf hoch, bald haben Sie es geschafft.« Und Vater fragte: »Wie? Was?« Und der andere erwiderte nur: »Ja, das, was ich Ihnen sage.« Vater war sich nicht sicher, was der SS-Mann ihm mitzuteilen versuchte und dachte besorgt: »Meint der, ich bin auch bald weg?« Aber rückblickend vermuteten wir, dass der Mann ihm Mut hatte machen wollen, dass die Befreiung bald bevorstünde.

Dann erschallte am 8. Mai 1945 endlich der Ruf: »Die Russen kommen!« Schon Tage zuvor hatten wir das nahende Rattern gehört. Nun liefen wir voller Freude auf die Straße, wo die Panzer einzogen und uns von der Naziherrschaft befreiten. Oben auf einem Panzer saß ein Soldat mit Akkordeon. Ein anderer hatte eine Flöte. Mutter nahm einen Grashalm von einem Panzer und hob ihn noch jahrelang sorgfältig wie einen wertvollen Schatz in ihrem Gebetbuch auf.

Nun begann für uns ein besseres Leben. Zunächst jedoch wurden wir entlaust, untersucht und kamen in Quarantäne, damit wir keine Infektionskrankheiten auf andere Menschen übertragen konnten. So mussten wir noch einige Wochen ausharren, bevor wir die Heimreise antreten durften.

Nach der wunderbaren Befreiung durch die Russen begleitete mich trotz allem noch die Angst der Missbrauchserfahrung. In dieser Zeit fuhr ich eines Tages mit einem russischen Soldaten auf einem Boot die Eger entlang, die in die Elbe führte. Die russische Besatzung schätzten wir. Sie waren doch unsere Befreier! Dennoch überfiel mich plötzlich eine furchtbare Angst, was dieser Russe alles mit mir machen könnte, mich entführen oder gar missbrauchen. »Bitte bringen Sie mich zurück!«, flehte ich in an. Er sagte mir in seinem gebrochenem Deutsch, er hätte zuhause auch Kinder, die gern mit dem Boot fahren möchten und setzte hinzu: »Hab keine Angst, ich bringe dich sofort an Land.« Ich war überglücklich, als ich wieder festen Boden unter den Füssen hatte.

## Überraschende Begegnungen

Nach der Befreiung wurde ich eines Tages gebeten, eine Gruppe von etwa zwanzig SS-Männern, denen ein großes Hakenkreuz auf den Rücken gemalt worden war, in die Landwirtschaft zu führen, wo früher das Gemüse für die SS angebaut worden war. Nun war es zur Ernährung von uns, den früheren Häftlingen, gedacht. Die Männer in der Kolonne mussten für uns pflanzen und ernten, wie vorher die Juden für die SS. Dabei traf ich auf den Mann, der uns damals einige Male Gemüse gegeben hatte. Ich sagte erstaunt zu ihm:»Was, Sie hier? Sie sind doch immer so lieb gewesen. Wieso sind Sie denn hier?« Und er antwortete nur:»Tja, Kind, so ändern sich die Zeiten. Jetzt sind wir die Todgeweihten.«

Kurz darauf meinte er zu mir:»Du könntest für mich etwas ganz wichtiges tun. Du wirst sicherlich eher nach Hause kommen als ich. Ich gebe dir einen Brief für meine Familie mit.« Er kam aus Aldekerk oder Nieukerk, also aus unserer Gegend. Den Brief gaben wir dann wirklich dort ab, als wir an den Niederrhein zurückkehrten. Ich kann mich nicht an den Namen der Familie erinnern und weiß auch nicht, was aus diesem Mann wurde.

Es kamen um diese Zeit herum auch befreite Juden aus anderen Lagern in Theresienstadt an. Unter ihnen war Walter Valk aus unserem Nachbarort Goch. Er lief auf Vater zu und sagte:»Max, erkennst du mich denn nicht?« Er war so abgemagert und hielt seine Hose nur mit einer Kordel um den Bauch fest. Walter fragte Vater, ob er seine Frau Erna und seine Tochter Leni gesehen hätte, aber Vater konnte nur verneinen. Erst nach seiner Rückkehr nach Goch fand Walter Erna wieder und beide erfuhren, dass ihre Tochter Leni umgekommen war.

Wir hatten damals sogar Besuch aus Amerika, denn Heinz, mein Vetter aus Königswinter, der Sohn von Tante Adele, suchte uns auf. Er war nun amerikanischer Soldat und auf der Suche nach Familienangehörigen. Nur uns fand er. Er riet Vater:»Wander mit dem Kind nach Amerika aus.« Aber Vater erwiderte nur:»Nein, ich will ins Vaterland zurück. Ich bin deutsch bis auf die Knochen.« Das war eben damals das Problem, Leute wie Vater waren ganz integriert. Oft sagte Vater allerdings später voller Ironie:»Der Dank des Vaterlandes ist dir gewiss.«

**Wünschen Ihnen das Allerbeste**

Nach der Befreiung und vorbereitend auf die Heimreise, ließen sich meine Eltern Empfehlungsschreiben von der Hausverwaltung und von Mitbewohnern ausstellen. Frau Bier, die im Haus darauf aufgepasst hatte, dass alle ihre Arbeit verrichteten, schrieb meiner Mutter am 10. Juli 1945 ein solches Schreiben: [51]

*Julie Devries aus Weeze war von Juli 1942 bis heute hier im Hause im Hausdienst tätig. Sie hat während dieser Zeit die ihr übertragenen Arbeiten stets sauber und gewissenhaft ausgeführt. Sie war ehrlich und fleißig pflichteifrig und bereitwillig. Mit allen ihren Leistungen war ich sehr zufrieden. Durch ihr freundliches hilfsbereites Wesen hat sie sich die Sympathie aller Hausgenossen erworben.*
*Ich wünsche ihr viel Glück und Wohlergehen auf ihrem ferneren Lebensweg.*
*Bezirksleitung*
*Jenny Bier Hausverwalter*
*Badhausgasse 9 [52]*

Ich weiß noch, dass Mutter Frau Bier nicht mochte, weil sie häufig etwas an der Arbeit der Bewohnerinnen auszusetzen hatte.

Auch Vater erhielt ein derartiges Empfehlungsschreiben, ausgestellt am 11. Juli 1945:

*Herrn De Vries Max, (VII-2-385)*
*Dzt. Theresienstadt*
*Turmg. 6*
*Anlässlich Ihrer Rückkehr in die Heimat bestätigen wir Ihnen gerne, dass Sie seit Juli 1942, also 3 Jahren, im Hause Turmg. 6 im Hausdienste bis zum heutigen Tage tätig waren.*
*Sie mussten während dieser Zeit, trotz vielfacher Entbehrungen, schwerste Arbeit verrichten, d. h. mithelfen für Ordnung und Reinlichkeit zu sorgen und ebenso die Betreuung für die Hausinsassen zu unterstützen.*
*Sie haben die übernommenen Pflichten in musterhafter Weise erfüllt und danken wir Ihnen für die hierdurch der Allgemeinheit geleisteten Dienste.*
*Für die Zukunft wünschen wir Ihnen das Allerbeste.*
*Bezirksorganisation III*
*Kürschner*

Und Baronin Maria Rausch von Traubenberg schrieb unter dieses Schreiben:

*Auch ich möchte Herrn de Vries aufs Herzlichste für alle freundliche Hilfe danken u. ihm das Beste für die Zukunft wünschen!*
*Maria Baronin Rausch von Traubenberg*

Frau von Ploennies schrieb für meinen Vater am 11. Juli 1945 das folgende:

*Herr Max Devries hat mir durch seine stete Hilfsbereitschaft und sein gleichbleibend freundliches Wesen den Aufenthalt im Hause Turmgasse 6 erfreulich gestaltet. Er war einer der wenigen in Theresienstadt, der Verständnis für alte und gebrechliche Personen hatte und ihnen durch manche freiwillige Darreichung das Leben verlängerte.*

Bezirksorganisation III

Theresienstadt, 11. Juli 1945

Herrn
De Vries Max, (VII/2 - 385)
drt. Theresienstadt
Türmg. 6

Anläßlich Ihrer Rückkehr in die Heimat bestätigen wir Ihnen gerne, daß Sie seit Juli 1942, also 3 Jahren, im Hause Türmg. 6 im Hausdienste bis zum heutigen Tage tätig waren.

Sie mußten während dieser Zeit, trotz vielfacher Entbehrungen, schwerste Arbeit verrichten, d. h. mithelfen für Ordnung und Reinlichkeit zu sorgen und ebenso die Betreuung für die Hausinsassen zu unterstützen.

Sie haben die übernommenen Pflichten in musterhafter Weise erfüllt und danken wir Ihnen für die hiedurch der Allgemeinheit geleisteten Dienste.

Für die Zukunft wünschen wir Ihnen das Allerbeste.

Bezirksorganisation III

Auch ich möchte Herrn de Vries
fürs Herzlichste für alle freundliche Hilfe
danken u. ihm das Beste für die
Zukunft wünschen!
Marie Baronin Rausch v. Traubenberg

*Eines der Arbeitszeugnisse, die meinen Eltern nach der Befreiung ausgestellt wurden. Unten links der Kommentar von Baronin Rausch von Traubenberg.*

95

*Ich wünsche ihm und seiner lieben Familie zum Abschied alles*
*Gute für die Zukunft.*
*Frau Maria v Ploennies*
*Witwe des Oberstleutnant von Ploennies*

## Mein Poesiealbum

Inge und ich bekamen nach der Befreiung beide ein Poesiealbum, im Grunde ein einfaches, in Karton eingebundenes Heftchen, das wir auch später noch über Jahrzehnte behielten und liebten. Viele der Menschen, die wir dort kannten, hinterließen uns darin Lebensweisheiten, Gedichte und Wünsche für unser weiteres Leben. Auch Inge schrieb mir in mein Album, so wie ich ihr in ihres.

Auf der Reise von Theresienstadt nach Berlin schrieben mir auch einige der Überlebenden, die mit uns im selben Bus reisten, in mein Poesiealbum. Zum Glück prägte ich mir die meisten Seiten ein, denn Jahrzehnte später verschwand eines Tages auf unerklärliche Weise mein so geschätztes Poesiealbum, nachdem ich als Zeitzeugin einen Vortrag gehalten hatte. Ich habe den Verlust bis heute nicht verwunden.

Zu den Sprüchen, die mir nicht entfallen sind, gehört der folgende, den Frau Baronin Rausch von Traubenberg mir aufschrieb:

*Der Glaube mit durchs Leben schreite,*
*die Liebe unsere Herzen weite,*
*Die Hoffnung uns hinüber leite.*

Ich weiß noch, dass sie alle Anfangsbuchstaben in einer ganz besonderen Schrift und mit Farbstiften gemalt hatte. »Wo sie die her hat?«, ging mir durch den Kopf. Denn so etwas gab es eigentlich nicht in Theresienstadt.

Die folgende wichtige Weisheit schrieb mir Herr Leser aus Düsseldorf mit dem Zusatz »Auf der Fahrt von
Theresienstadt in die Heimat« in das Album:

*Schwimmt stolz Dein Schiff auf Glückes Wellen*
*Verschmäh nicht die Hand, die Dir ein Armer reicht*
*Bedenke, Dein stolzes Schiff kann leicht zerschellen*
*Dann rettet Dich ein kleines Boot vielleicht.*

Ich weiß noch, dass er die Zeilen in Wellenform geschrieben hatte. Ich weiß gar nicht, wo Herr Leser in
Theresienstadt wohnte, ich glaube nicht, dass ich ihm
vor unserer Rückreise begegnet war.

Frau von Ploennies trug das folgende Sprüchlein ein:

*Edel sei der Mensch,*
*hilfreich und gut.*[53]

Und Frau Wischmann schrieb:

*Einer muss der Letzte sein.*
*Drum schreib ich mich zuletzt hinein.*
*Wer dich lieber hat als ich, der schreibe sich hinter mich.*

Eine andere Dame, an deren Namen ich mich heute
nicht mehr erinnere, schrieb:

*Oh, Kinderzeit, was liegt in Deinen Klängen*
*für eine wundersame Melodie!*
*Wieviel Gedanken sich dazwischendrängen,*
*sie tritt an Licht und Alter nicht.*
*Mit Sehnen wird sie dich umfangen,*
*treibt Dich das Schicksal in die Welt hinaus.*
*Denn was sich niemals wiederholt im Leben*
*das ist die Kinderzeit und Dein Elternhaus!*

Und auf der anderen Seite stand dieser Spruch:

*Nie Mangel des Gefühls*
*Und nie Gefühl des Mangels*[54]

Es gibt noch drei weitere Gedichte, die mir in mein Poesiealbum geschrieben wurden und an die ich mich bis heute erinnere. Das erste Gedicht lautete:

*Wenn Dir oft bangt und graut*
*Als sei die Höll auf Erden*
*Nur unvertraut auf Gott gebaut*
*Es muss doch Frühling werden.*[55]

Das zweite Gedicht ging folgendermaßen:

*Wenn Dich die Stürme des Lebens umtoben.*
*Wenn Dich Dein Liebstes auf Erden verlässt.*
*Richte den Blick nur gläubig nach oben,*
*trau auf den Schöpfer ganz kindlich und fest.*

*Zwar kann Dir das Leben vieles rauben,*
*was Dich erquickt und erfreut*
*aber mit festem und innigen Glauben*
*siegst Du auch über das bitterste Leid!*

Und das dritte Gedicht lautete:

*Zu stehn in treuer Eltern Pflege*
*Was für ein Segen für ein Kind.*
*Ihm sind gebahnt die rechten Wege,*
*die vielen schwer zu finden sind.*[56]

Mit diesen guten Wünschen und Ratschlägen gewappnet machte ich mich mit meinen Eltern auf den Heimweg.

# NEUANFANG IM VATERLAND

## Heimreise auf Umwegen

Anfang August 1945 reisten wir per Bus von Theresienstadt über Halle und Dresden zunächst nach Berlin.
Den Rattan-Koffer, in dem wir unsere wenigen Sachen
trugen, hatten wir noch Jahre später auf unserem Spei-
cher in Weeze stehen. Dresden lag in Schutt und Asche. Ich erinnere mich
noch, dass Buschwindröschen auf den Trümmern
wuchsen. Ich mag diese Blumen eigentlich, doch seither
verbinde ich sie immer mit dem zerstörten Dresden.
Wir machten in Fallersleben Zwischenstation. Dort
begegneten wir einer Adelsfamilie, deren Name mir entfallen ist. Sie nahmen uns bei sich auf. Nach Jahren sah
ich hier zum ersten Mal wieder Äpfel und Birnen, es
war ganz feines Tafelobst von bester Qualität. Mit dieser Familie korrespondierte Mutter später noch viele
Jahre lang. Von Fallersleben aus ging die Reise weiter
nach Berlin. Für unterwegs bekamen wir noch mehr
Obst mit auf den Weg.

Wir hatten zunächst Probleme, von Berlin aus weiter
zu kommen, weil die Russen uns nicht mehr durch-
lassen wollten. Dabei war uns bereits Mitte August eine
Bescheinigung zur Heimreise ausgestellt worden, in der
es hieß:[57]

*Herr Max Devries geb. 3.2.90*
*Frau Julie Devries geb. 25.8.95*
*Frl. Edith Devries geb. 25.10.35*
*bis jetzt im Bezirk Prenzlauer Berg, Rykestr. 52 wohnhaft, be-*
*findet sich auf der Durchreise von Theresienstadt über Berlin nach*
*Düsseldorf/Rheinland um in die Heimat zurückzukehren.*
*Laut eidesstattlicher Versicherung, ist Obengenannte(r) nicht Mit-*
*glied der NSDAP, oder deren Gliederungen.*
*Gegen die Hin- und Rückreise bestehen diesseits keine Bedenken.*

Doch wir waren noch bis Ende September in Berlin. In dieser Zeit erlebten wir dort sowohl das jüdische Neujahrsfest Rosch Haschana als auch den Versöhnungstag Jom Kippur. Mutter ging mit mir in die Synagoge in der Iranischen Straße. Dort lernten wir Frau Leske und ihre unverheiratete Tochter Ruth kennen.[58] Sie waren sehr nett zu mir und nahmen mich am Jom Kippur für ein Essen mit zu sich nach Hause. Denn sie meinten, ich sollte nach den Jahren der Unterernährung nicht noch mehr hungern. Doch mir war es unangenehm und ungewohnt, mit diesen fremden Frauen zusammen zu sein. Ich bekam keinen Bissen herunter und wollte nur zu Mutter zurück. So weltfremd war ich.

Erst nach Ausstellung der folgenden Bescheinigung des Magistrats von Berlin gelang es uns Ende September, per Zug die Weiterreise anzutreten:

*Wir bescheinigen hiermit, dass Herr Max Devries, zurzeit Berlin N65, Iranischestr. 4 beim Magistrat der Stadt Berlin, Hauptausschuss ›Opfer des Faschismus‹ Abt. Opfer der Nürnberger Gesetze anerkannt ist.*

*Herr D. ist bis jetzt von uns betreut worden und wir bitten, ihm bei seiner Weiterfahrt behilflich zu sein.*

Dann trafen wir endlich am Niederrhein ein. Eigentlich sollten wir zunächst an Weeze vorbei bis nach Kleve durchfahren und dort offiziell entlassen werden. Als wir uns aber Weeze näherten, bestand Vater plötzlich darauf, schon in unserem Nachbarort Kevelaer auszusteigen. »Und dann bestell' ich mir 'ne Dokka!«, verkündete er. Und so fuhren wir mit einem Pferdewagen von Kevelaer nach Weeze. Auf dem Weg riefen die Leute Vater freudig zu, aber mir machte es große Angst, dass wir uns nicht, wie man uns gesagt hatte, erst in Kleve meldeten.

Weeze war durch den Nahbeschuss im Krieg fast gänzlich zerstört und zum Notstandsgebiet erklärt worden. Es gab kein Haus, das nicht beschädigt war. Uns wurde erzählt, dass die Kirche allerdings von Weezer Nazis zerstört worden war. Die Weezer Bevölkerung war ausquartiert worden und kehrte nach Kriegsende langsam aus der Evakuierung zurück. Nach unserer Rückkehr wohnten wir zunächst im Weezer Krankenhaus, dem späteren Altersheim. Wir waren ausgehungert und unterernährt. Besonders Vater war nach der schweren Zeit ganz abgemagert. Auch litt er an Angina Pectoris, wovon er nie wieder loskam. Aus Amerika bekamen wir zahlreiche Care-Pakete mit Zigaretten, Schokolade und Lebertran.

Dann wurde für uns das beschädigte Haus von Reinhard Küsters hergerichtet. Dazu wurden zum Beispiel die Heizkörper einer Familie verwendet, die Nazis gewesen waren. Sie mahnten die Heizkörper später bei uns an und erhielten sie auch wieder. Auch unsere Rollläden erhielten wir von einer anderen Familie, die den Nazis nahe gestanden hatte.

Wie uns erzählt wurde, hatte sich Reinhard Küsters auch gegen Ende des Krieges als außerordentlich mutig erwiesen. Denn als die englischen Soldaten einzogen, lief er mit einer weißen Fahne bis zum Schloss Wissen, etwa ein oder zwei Kilometer vor Weeze gelegen, vor, um zu verhindern, dass sie noch mehr zerstörten.

Die Sachen, die wir in unserer Wohnung in der Weller Straße zurückgelassen hatten, waren, wie wir nun erfuhren, nach unserer Deportation an andere Leute abgegeben oder aus der Wohnung herausgeworfen worden. Frau Kattelans, unsere gute Nachbarin aus der Zeit vor Theresienstadt, berichtete Mutter, dass die Schlafzimmermöbel aus geflammter Birke, die ihre Geschwister ihr zur Hochzeit geschenkt hatten, einer ausgebombten Familie in Geldern gegeben worden waren. Nachdem Mutter dies erfuhr, ließ sie Vater keine Ruhe und sagte, dass sie die Möbel unbedingt zurückholen wollte. So fuhren meine Eltern nach Geldern. Mutter war ganz kühl zu diesen Leuten. Die Frau wurde leichenblass vor Schreck, als sie hörte, worum es ging, und sagte:»Frau Devries, ich verstehe Sie, das steht Ihnen auch alles zu. Sie müssen entschuldigen.« Vater wiederum gab der Frau einen Wink und sagte ihr im Stillen:»Ich leihe Ihnen das Geld, damit Sie sich neue Möbel kaufen können.« Er wollte zwar, dass »Julchen« zufrieden ist, aber er fühlte sich diesen Leuten gegenüber auch verpflichtet. Die durch Granatbeschuss beschädigten Schlafzimmermöbel waren das einzige Andenken, das Mutter an ihre Geschwister besaß.

Ich erinnere mich auch, dass ein Bekannter von Vater, Herr Sänger, für ihn Silber aufbewahrt und es sogar in die Evakuierung mitgenommen hatte. Nach unserer Rückkehr brachte er es uns zurück.

### Mutters große Trauer

Meine Mutter wusste nach unserer Befreiung zunächst nicht, wer von ihren Geschwistern und Verwandten überlebt hatte und wer nicht. Als das Ausmaß ihres Verlusts deutlich wurde, von ihren Geschwistern hatte

**Bescheinigung**

Herr max Devries geb.3.2.90

Herr/Frau _Julie Devries geb.25.8.?5_

geboren- Frl. Edith Devries geb. 1u.35

bis jetzt im Bezirk Prenzlauer Berg, _____Rykestr.52_

wohnhaft, befindet sich auf dem Wege nach der Durchreise von Theresienstadt
über Berlin nach Düsseldorf /Rheinland

um _____in die Heimat zurückzukehren._

Laut eidesstattlicher Versicherung, ist Obengenannte(r) nicht Mitglied der NSDAP. oder
deren Gliederungen.

Gegen die Hin- und Rückreise bestehen diesseits keine Bedenken.

_____den 15. August _____1945.

Der Bürgermeister
des Verwaltungsbezirks Prenzlauer Berg

Im Auftrage:

**Удостоверение**

Гр-нин: Макс Дебрис рож. 3.2.90

Гр-анка.: Юлие Дебрис ч. „ 25.8.35

Эдит Дербис „ „ 25.10.35

живл до сих пор в район Пренцлауер Берг Рикенэр. 52

Проездом в Берлине из Терезиенштат

в Дюссельдорф/Рейнланд.

к обратно на родину.

Согласно клятвенного уверения означенн... не состоял ... Н.С.Д.А.П.
или их подотделов.

Против выезда и въезда, препятствий не имеется.

Берлин. 15. Августа. 1945 г.

Бургомистер
управления Пренцлауер Берг
по поруч.:

*Die lange Heimreise von Theresienstadt über Berlin nach Weeze. Eine der
notwendigen Bescheinigungen auf Deutsch und Russisch.*

*Vaters erstes Foto nach der Befreiung,
aufgenommen im Sommer 1945 in Dresden.*

nur ein Bruder überlebt, erholte sie sich nie wieder davon.

Ein handschriftlicher Lebenslauf, den sie kurz nach unserer Rückkehr schrieb, zeigt, was Mutter zum damaligen Zeitpunkt über das Schicksal ihrer Verwandten wusste:

*Weeze, den 26.11.45*
*Herrn Landrat*
*Geldern*
*Hiermit mein Lebenslauf. Ich wurde als Tochter des Viehhändlers Heinz Hartoch zu Aachen am 25. 8. 1895 geboren. Meine Mutter war Rosalie Hartoch, geborene Sanders aus Lobberich. Ich besuchte vom 6. bis zum 14. Lebensjahr die Jüdische Elementarschule zu Aachen. Am 17. Juni 34 heiratete ich Max Devries aus Weeze und aus der Ehe entspross ein heute zehnjähriges Mädel mit dem Namen Edith. Am 24. Juli 42 wurden wir von der Gestapo nach Theresienstadt verschleppt. Wir wurden von hier nach Düsseldorf in die Schlachthofhalle gebracht, wo wir einen Tag und eine Nacht auf dem Steinboden verbrachten, von wo es dann weiterging. In Theresienstadt verbrachten wir drei furchtbare Jahre. Dort verlor ich meine Schwestern durch Hungertyphus und Gasvergiftung. Einen Bruder verlor ich schon bei Ausbruch des Krieges mit Belgien. Er lebte mit Frau und Kindern als Emigranten in Brüssel und wurde interniert und starb auf der Fahrt nach Südfrankreich. Am 7. Mai 1945 wurden wir befreit und fuhren am 5.8.45 von dort weg und gelangten nach großen Schwierigkeiten am 7.11.45 hier in [sic] Weeze.*
*Frau Max Devries*

Da wir in Theresienstadt immer um Mitternacht geweckt worden waren, stand Mutter auch nach unserer Rückkehr in Weeze jede Nacht um diese Zeit auf und weinte um ihre Geschwister, die ihr ganzer Halt gewesen waren. »Mein Herz, ich kann nicht mehr. Meine Geschwister!«, rief sie dann. Aber Vater zeigte nicht viel

Verständnis und sagte nur:»Jule, die wären jetzt schon alle längst tot, also jetzt hör endlich damit auf.« Aber Mutter erwiderte:»Ja, aber auf welch grausame Weise sie starben!« Dann lief sie voller Verzweiflung hinaus in den Garten und rief:»Ich nehme mir das Leben, ich kann es nicht mehr aushalten!« Vater versuchte, mich zu beruhigen:»Lass Julchen mal laufen, die kommt auch wieder.« Für mich war dieses nächtliche Aufstehen meiner Mutter und ihre Aufregung als Kind sehr belastend. Ich hasste sie in diesen Situationen regelrecht.

Eine andere Folge des schlimmen Verlusts, den meine Mutter erlitten hatte, war, dass sie immer gleich ein schlechtes Gewissen bekam, wenn sie sich mit anderen amüsierte und lachte. Oft erstarrte sie plötzlich und sagte:»Ich darf doch nicht lachen, meine Geschwister!«

Vater sprach oft mit mir über Dinge, die Mutter nicht wissen sollte, sie regte sich ja immer so sehr über alles auf und machte, wie Vater sagte, zu viel»Gedöns«. Die beiden stritten sich oft. Wenn ich so mit Vater erzählte und Mutter kam dazu, meinte sie immer, wir sprächen über sie und sagte:»Pott wie Deckel.«

**Die Hand ins Feuer**

Vater ging nach unserer Rückkehr bei Major Futter, der die britische Kommandantur in Geldern leitete, ein und aus, oft um sich für Menschen einzusetzen, die»entnazifiziert« werden wollten. Denn er war durch den Einfluss von Major Futter sowohl im Weezer Gemeinderat als auch im Entnazifizierungsausschuss aktiv.

Major Futter war ein feiner Herr. Er hatte als Leiter der Militärregierung sehr viel Macht. So sorgte er dafür, dass für Vater das Auto eines Gelderner Nazis beschlagnahmt wurde, der die Villa neben der Kommandantur bewohnte. Mit dem Auto sollte Vater ermöglicht werden, seine Tätigkeit im Kreistag und als Viehhändler für den Kreis verrichten zu können.

Vater war meist bereit, für seine Mitmenschen ein gutes Wort einzulegen. Major Futter konnte dies nicht verstehen und fragte ihn:»Wer hat denn für Sie die Hand ins Feuer gelegt?« Aber Vater handelte eben sein Leben lang nach dem Prinzip, nie Böses mit Bösem zu vergelten. Er hatte allerdings auch nicht, wie Mutter, seine Geschwister verloren und daher eine andere Einstellung. So stellte er zahlreichen Deutschen Leumundszeugnisse aus, selbst wenn er wusste, dass sie Nazis oder Mitläufer gewesen waren.

Unser früherer Nachbar Herr K. war einer der Weezer, die sich an Vater wandten, damit er sich für sie einsetzte. Er schrieb Vater bereits im Juli 1945, als wir uns noch auf dem langen Weg von Theresienstadt nach Weeze befanden:

*Mein alter Nachbar Max Devries!*
*Ich höre zu meinem größten Erfreuen daß Sie wieder nach Weeze zurück kommen, und vielleicht schon wieder dort sind.*
*Als ich auf dem Wege von Weeze nach hier war, hörte ich von einem Weezer den ich traf, daß Sie wieder nach Hause kommen, fiel mir Ihr Spruch ein, den Sie gesagt haben, vor Jahren, Wir sind durch das rote Meer gekommen u. kommen auch durch die braune Sch… Ich staune heute über Ihre Vorhersage u. wundere mich daß alles so eingetroffen ist, wie Sie vorher gesagt haben. Sie kennen meine Laufbahn die ich in Weeze durchgemacht habe u. will ich kurz Ihnen noch einmal alles in Erinnerung bringen, damit Sie über meine Gesinnung genauer im Bilde sind, vielleicht komme ich einmal in die Lage wo Sie für mich ein vorsichtiges Wort in die Waagschale werfen können. Ich habe schon als 16 jähriger mich für*

*Politik interessiert, natürlich damals für die Centrumspartei, wurde aber durch deren Programm niemals schlau.*

*Als dann Hitler kam mit seinen 25 Punkten, dafür habe ich mich nun sehr begeistert wie Sie ja auch wissen, u. heute soll das nun ein Verbrechen sein, das leuchtet mir nun nicht ein.*

*Wie ich nun annehme, werde ich sehr wahrscheinlich sofort verhaftet sobald ich nach dort komme.*

*Es liegt mir nun viel daran möglichst schnell meine Wohnung in Stand zu bringen damit ich vor dem Winter ein Dach über dem Kopf habe für meine Frau u. Kinder u. anschließend bei meinem Sohn [Name] zu arbeiten oder zu den Bauern zu gehen um dort mein Brot zu verdienen, vielleicht bin ich auch in der Lage für Sie etwas zu tun.*

*Leider sind wir ja alle schwer über die Ohren gehauen worden, wovon wir kleine Hitlers bis zum Schluss keine Ahnung hatten. Auch haben wir keine Ahnung gehabt von den schweren Verbrechen die in K. Lagern verübt worden sind, jetzt erfährt man ja so vieles was man gar nicht für möglich halten sollte, und jeder anständige Mensch verwerfen muß. Aber genug hiervon. Jedenfalls habe ich das Beste fürs Volk gemeint u. danach gehandelt. Soll ich nun als 68jähriger mit 12 Kindern wovon einer gefallen u. die anderen 4 noch nicht zu Hause sind (ob sie noch alle leben?) auch noch bestraft werden? Ich bin mir keiner Schuld bewußt. Ich bitte Sie deshalb sehr sobald Sie in ihre alte Heimat zurück kehren, sich meiner zu erinnern u. bei der vorgesetzten Behörde vorstellig werden damit man mir keine Schwierigkeiten macht sobald ich nach dort komme, wir haben ja einige Jahre in Frieden zus. gewohnt u. soweit ich mich heute erinnere, niemals etwas miteinander gehabt. Ich wäre Ihnen nun von Herzen sehr dankbar, würden Sie meinen und meiner Frau Wunsch erfüllen u. sich für mich einsetzen, ich wüßte tatsächlich nicht an wen ich mich dort wenden sollte, es ist heute wie die Besatzungstruppen ja auch sagen [mehrere Worte unleserlich] ist heute dem anderen sein Verräter.*

*Würden Sie mir helfen, so bitte ich an [Name] ihre Meinung weiterzugeben.*[59]

Subject:- Local Government

The Burgomaster                          MG/730/B/27
WEEZE                                          1 Dec 45

Max DEVRIES

      Confirming my conversation
with you today, I hereby appoint the
above as a member of your Beirat.

      He will take a normal part
in all proceedings of the council, but
will also represent the interests of
those persons in your Gemeinde, who were
the victims of the Nazis regime.

GELDERN                                              Major
HSF/MB                              Commanding 730 "K" Det
                                            Landkreis Geldern

Copy to:- The Landrat, Geldern
          Max DEVRIES, Weeze

*Major Futters Anordnung, durch die Vater zum Mitglied des
Weezer Beirats ernannt wurde mit dem Auftrag, insbesondere die Interessen
von Naziopfern im Ort zu vertreten.*

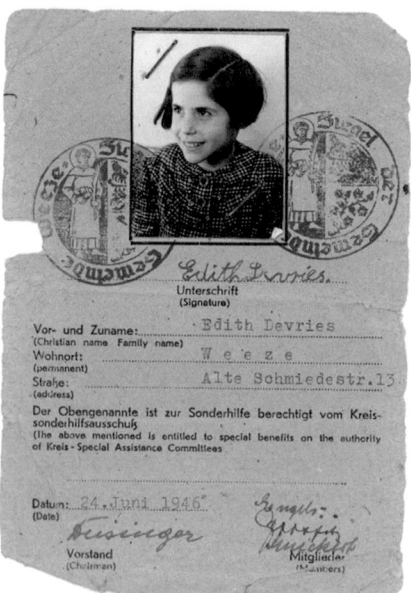

*Erste Fotos von Mutter und mir nach unserer Rückkehr nach Weeze auf den uns ausgestellten Sonderausweisen für politisch, rassisch und religiös Verfolgte.*

Strassenverkehrsamt
~~Der Oberkreisdirektor~~
Geldern

Dezernat _____

Geldern, den __19.8.46.__
Postscheckkonto der Kreiskommunalkasse Köln Nr. 10 290
Fernruf Nr. 551, 552, 553 Geldern

Herrn

in_Geldern-Veert_
Kevelaerlandstr.

Auf Anordung der englischen Militärregierung in Geldern wird Ih Personenkraftwagen zu Gunsten des Herrn
Max de Vries in Weeze beschlagnahmt. Sie werden hiermit aufgefordert, das Fahrzeug dem Herrn de Vries umgehend auszuhändigen.

x x                              x x

Nachrichtlich
dem
Herrn Max de Vries
in_Weeze_

*Die Anordnung über die Beschlagnahmung des Autos für Vater.*

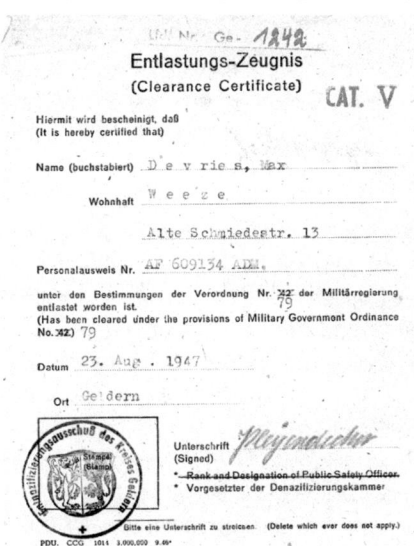

Lfd Nr. Ge- 1242

### Entlastungs-Zeugnis
(Clearance Certificate)            CAT. V

Hiermit wird bescheinigt, daß
(It is hereby certified that)

Name (buchstabiert) D e v r i e s, Max

Wohnhaft W e e z e

Alte Schmiedestr. 13

Personalausweis Nr. AF 609134 ADM.

unter den Bestimmungen der Verordnung Nr. ~~22~~ 79 der Militärregierung
entlastet worden ist.
(Has been cleared under the provisions of Military Government Ordinance
No. ~~22~~ 79)

Datum 23. Aug. 1947

Ort Geldern

Unterschrift
(Signed) Meyendecker

* Rank and Designation of Public Safety Officer.
* Vorgesetzter der Denazifizierungskammer

Bitte eine Unterschrift zu streichen.  (Delete which ever does not apply.)

PDU. CCG 1014 3.000,000 9.46*

*Auch Vater selbst musste »entnazifiziert« werden.*

113

Vater setzte sich daraufhin für Herrn K. ein. Auch die Besitzer einer Möbelfabrik in Weeze nahmen mit Vater bereits Kontakt auf, als wir uns noch in Berlin befanden, und boten ihm an, uns mit einem Bus abzuholen. Doch Vater lehnte ihr Angebot ab. Denn diese Leute waren, so sagte er, ganz schön »braun« gewesen. Später traten sie erneut an Vater mit der Bitte um seine Unterstützung bei der Entnazifizierung heran.

Vater erhielt auch einige Briefe vom Schwiegervater von Sim Hertz, der sich, wie ich berichtete, in der Weezer Polizeizelle erhängt hatte. In diesen Schreiben bat er meinen Vater um Verständnis und Hilfe. In dem ersten der beiden Briefe, die ich heute noch besitze, schrieb er unter anderem:

*Ich stehe jetzt im 78.ten Lebensjahr. Meine Tage sind also gezählt und da ist es mir schmerzlich das Sie mich so ganz von einem falschen Standpunkt beurteilen und über mich sprechen. Ich habe nie einen Menschen seiner Rasse oder Religion wegen verfolgt, nie! Aber das es in der jüdischen wie in jeder anderen Rasse auch, gute und auch schlechte Menschen gibt werden Sie wohl zugeben. ... Als nun die schlimme Zeit der Verfolgungen begann erhielt ich eines Tages einen Brief von Julius. Lieber Opa! Nun hat es auch uns beide Jungen geschnappt, wir müssen nun auch aus der Heimat weg. Kannst Du uns nicht etwas derbe, warme Kleidung besorgen! Am nötigsten, wenn möglich, derbe wasserdichte Schuhe usw. Wenn Ihr dann in der Familie bei Gelegenheit gemütlich beisammen seid, dann denkt auch mal an Deine beiden, armen Jungen, die da irgendwo im Dreck u. Elend verkümmern oder schon verendet sind. Ja mein lieber Herr und auch Frau De Vries. Es waren doch meine lieben, lieben Jungen. Da ist in mir etwas zerbrochen. ... Ich raffte alles erreichbare von mir und meinem Sohn zusammen und fuhr am nächsten Morgen von Berlin nach Weeze. Beim Bürgermeister hörte ich dann das die Gefahr für die Jungens noch einmal vorüber gegangen sei, vorläufig, das aber täglich mit dem Schlimmsten zu rechnen sei. Beim Landrat in Geldern und beim Gestapo-*

*Leiter in Düsseldorf sagte man mir dann, wenn die Ehe geschieden wäre, also der jüdische Einfluß auf die Jungen ganz unterbunden sei, dieselben bei ihrer Mutter von der Evakuierung befreit werden könnten. Ich drängte nun der Jungen wegen auf die Scheidung ... Nun war mir dann alles egal. Lieber einen schlechten Kerl opfern und dafür zwei gute Jungen retten. Diese waren ja schließlich auch Juden. Ich sagte den beiden noch letzthin: Ihr habt durch Euer Judentum die Verfolgungen und Nachteile tragen müssen, nun nehmt heute auch die Vorteile welche sich bieten wahr. Ich habe wie oben gesagt keinen einzigen Juden seines Judentums wegen geschädigt. Im Falle Simon nur dem schlechten Mann der zufällig Jude war. ... Wenn von Ihnen die Rede war habe ich stets zu jedermann gesagt: Ich achte und ehre in Ihnen stets den Kriegskameraden. Auch mit der Familie Koopmann war ich doch stets, so lange sie dort waren in bestem Einvernehmen. Auch der alten Frau Hertz und den beiden Damen Maibohm habe ich stets zum guten geredet, auch Ihnen selber habe ich doch nie die kleinste Schwierigkeit bereitet, was doch damals sehr leicht gewesen wäre. Ich würde es freudig begrüssen wenn Sie und Ihre Gattin mein Verhalten im Falle Simon verstehen könnten und Ihre Meinung über mich ändern würden, ja wenn wir, Herr De Vries wieder in harmlos guter Weise wie einst miteinander verkehren könnten. Sie schreiben nicht gern, sagten Sie seinerzeit mal, wenn nun noch etwas klarzustellen sein sollte, bin ich jederzeit bereit Sie zwecks Aussprache zu besuchen oder zu treffen.*[60]

In einem weiteren Brief schrieb Sims Schwiegervater einige Wochen später, offenbar nachdem er von meinen Eltern ein Antwortschreiben erhalten hatte:

*An das von Ihnen erwähnte häßliche Schreiben von mir habe ich tatsächlich garnicht mehr gedacht, sonst hätte ich es in meinem Brief an Sie auch erwähnt. Ich bedaure es nun recht sehr, damals so geschrieben zu haben. Sie haben sich ja nun in Ihrem Brief entsprechend revanchiert. Wir wären nun sozusagen quitt. Da ich nun der Schuldige bin und Sie zuerst angerempelt habe, komme ich auch zuerst zu Ihnen, bedaure meine Entgleisung und biete Ihnen die Friedenshand. Bedenken Sie bitte in welch überreiztem Zustand ich mich damals befand durch die in meinem vorigen Schreiben ge-*

*schilderten Umstände. Werte Herr u. Frau Devries wir wollen doch
nicht ewig schmollen und als Menschen eine menschliche Entgleisung
entschuldigen.*

*Damit Frieden werde auf Erden müssen wir im
kleinen anfangen, einer dem anderen vertrauensvoll entgegenkommen
damit im großen Weltgeschehen Vertrauen und Menschenliebe herr-
schen mögen und die Welt regieren. Herr Devries wir haben uns
doch damals oft getroffen und ich glaube auch gut verstanden. Alter
Kriegskamerad, lassen wir es doch wieder so sein und schlagen Sie
und Ihre werte Gattin ein in die Friedenshand welche ich Ihnen von
Herzen kommend biete.*[61]

Ganz entgegen seiner sonstigen Haltung in diesen Angelegenheiten, war Vaters Reaktion auf die Briefe:»Der
soll mal weiter da sitzen.« Dieser Mann war der einzige,
für den Vater nicht bereit war, sich einzusetzen.

Sims ehemalige Frau Käthe lebte nach dem Krieg
immer noch in Weeze. Mutter mied allerdings lange Zeit
den Kontakt zu ihr, bis sie eines Tages eine Nachricht
von ihr erhielt:»Es ist ja jetzt Frühlingsfest und die Zeit
vorbei. Jule, sollen wir uns wieder verstehen?«

Sims Söhne verließen Deutschland schließlich und
wanderten nach Amerika aus, wo einer der beiden heute
noch lebt. Es war mir eine große Freude, als er 2002
anlässlich der Enthüllung des Weezer Denkmals in den
Ort zurückkehrte, der für seine Familie mit so viel Leid
verbunden war. Denn das Denkmal ist ja neben den
Koopmann-Kindern auch gerade Sim Hertz zugedacht.

**Unser Viehhandel**

Vater nahm seine Freundschaft mit den Landwirten
gleich nach unserer Rückkehr wieder auf. Er wurde Mitte 1946 zum Kreisfachschaftsleiter ernannt und trieb
mit einem befreundeten Bauern den Viehhandel weiter.
Vaters Aufgabe war es, den Bauern Vieh zuzuteilen,

denn es gab ja zunächst keine Tiere, die meisten waren durch Artilleriebeschuss gestorben. Vater holte hunderte Kühe aus Jever, Aurich und Bremen ab. Reinhard Küsters und ich fuhren oft mit, wenn Vater einkaufte. Das Vieh kam dann später in Güterwaggons nach Weeze. Wann immer es in den Städten interessante Kirchen und Kunstwerke zu sehen gab, sagte Reinhard:»Max, da müssen wir hin.«Ich saß immer hinten im Auto, wo mir oft übel wurde. Der Fahrer von Vater war natürlich auch immer dabei. Damals war es Paul Engbrocks, später Jupp Terhoeven. Ich verstand mich sehr gut mit Paul. Wir durften im Auto singen, und es machte ihm nichts aus, wenn wir ihn neckten, weil er hinter dem Rückspiegel ein Foto seiner Paula hatte. Oft fuhr ich auch mit, wenn Vater das Vieh zu den Bauern brachte. Und dann bekamen wir frisch gebackenes Brot und Speck und Schinken zu essen, was ein Genuss war, denn bei Mutter gab es so etwas natürlich nicht.»Schwein kommt mir nicht ins Haus!«, sagte sie immer.

Auch nach dem Krieg führte Mutter weiterhin Vaters Bücher. Sie war für alle finanziellen Angelegenheiten im Haushalt und Viehhandel zuständig. Vater meinte immer, Mutter gäbe zu viel Geld aus, aber das stimmte nicht wirklich. Doch Vater war eben besonders sparsam. Wenn das Vieh ankam, war Mutter mit am Güterbahnhof dabei und schrieb alles auf. Aber es war sehr schwer, in dem Durcheinander bei der Ankunft des Viehs den Überblick zu behalten. Kurz nach der Währungsreform 1948 wurden die Geschäftsbücher dann plötzlich überprüft und dabei festgestellt, dass einige von Mutters Angaben nicht korrekt waren. Sie hatte festgehalten, welches Vieh wir gekauft hatten. Doch oft gingen Kühe versehentlich unbezahlt mit den Bauern mit, oder sie kamen mit Reisefieber an und mussten notgeschlachtet werden. Für alles Vieh, das in Weeze eintraf, gab es Frachtbriefe. Mutters Fehler war es, dass sie auch die Frachtbriefe von Vieh, das gestorben oder im Trubel verloren gegangen war, behielt, wodurch der Eindruck entstand, dass nicht alles abgerechnet worden war. Zugleich konnte sie nicht nachweisen, dass die Tiere gestorben oder abhanden gekommen waren. Als alle Unterlagen überprüft worden waren, stellte sich heraus, dass meine Eltern 7.000 DM nachzahlen mussten. Das war damals sehr viel Geld. Mutter regte sich sehr auf und sagte verzweifelt:»Max, was sollen wir denn jetzt machen?« Aber Vater sagte nur:»Da ist nichts mehr zu machen, das müssen wir jetzt mal so hinnehmen.« Dabei hatten wir gerade das Haus gebaut, und diese Nachzahlung war eine große Belastung.

Vater bekam oft Besuch von Leuten, die ihn um Hilfe baten. So erschien eines Tages ein Herr bei uns und sagte, er wolle Vater sprechen. Er kam von einer Rosenzucht und Baumschule in Wetten. Da Mutter und ich ihn nicht kannten, wurden wir gleich hellhörig. Was wollte der wohl? Und tatsächlich, der Mann fragte Vater:»Herr Devries, können Sie mir Geld leihen? Ich bringe es in Ihnen in ein paar Tagen zurück. Ich habe günstig Bäumchen gekauft und konnte sie nicht bezahlen.«

Vater war bereit, bei der Sparkasse nachzufragen, und erhielt tatsächlich Geld, das er dann diesem Mann lieh. Immer wieder kam dieser danach zu Vater und kündigte ihm an, dass er das Geld bald zurückzahlen würde. Mutter und ich machten Vater Vorwürfe, dass er sich darauf eingelassen hatte. Doch er sagte immer nur: »Der Mann ist mir gut dafür.« Und er behielt Recht! Eines Tages kam der Mann und blätterte das Geld auf den Tisch. Er bedankte sich vielmals und setzte hinzu: »Weil Sie mir so sehr geholfen haben, werde ich an Ihrer Hauswand eine Kletterrosenhecke pflanzen und den ganzen Vorgarten mit Edelrosen bestücken.« Alle sechs Monate schickte er daraufhin einen Gesellen zur Rosenpflege zu uns. Mutter und ich schämten uns maßlos. Und Vater sagte: »Das habt ihr nun davon mit eurem Misstrauen.« Die Rosenhecke an unserer Hauswand blieb noch jahrzehntelang erhalten.

**Mutters Kochkünste**

Tüchtig arbeiten konnte Mutter. Sie war sich für nichts zu schade und hatte in Weeze schnell gelernt, sich mit der Gartenarbeit zu befassen. Sie pflanzte alles an, was es so gab, sogar Kartoffeln, die dann eingekellert wurden, und Gemüse und Obst, das eingemacht wurde. Oft legte Mutter für unsere Nachbarn in großen Steintöpfen Salzgurken aus unserem Garten für den Winter ein. Dazu nahm sie Essig, Salz, Wachholderbeeren und Lorbeerblätter, und legte schließlich ein Stück Schiefer darauf. Vater fand Mutter immer zu eifrig im Haushalt. Aber für sie waren Ordnung, Sauberkeit und Fleiß die wichtigsten Dinge.

Mutter kochte auch sehr gerne. Besonders gut schmeckte mir »Himmel und Erde«, das Gericht, bei dem sie Süßäpfel aus unserem Garten mit Zwiebeln und Kartoffeln mischte. Und ich liebte »Schalet«,

*Unser unvergessener, mutiger Freund Reinhard Küsters.*

*Vater mit seinem ganzen Stolz, dem Ford Taunus. Als er Mutter hinten auf dem Foto entdeckte, murrte er verärgert: »Das musste sie wieder dabei sein.«*

ein jüdisches Eintopfgericht. Dazu wurden fettes Rindfleisch, Zwiebeln und Kartoffeln langsam im Ofen gebacken. Sie kochte auch vortreffliche Hühner- und Rindfleischsuppen. Zur Rindfleischsuppe gab es immer Markklößchen und Tafelspitz mit selbstgeriebenem Meerrettich. Aus dem in der Suppe gekochten Sellerie machte Mutter mit Feldsalat einen köstlichen Salat.

Bekannt war Mutters selbstgemachter Eierlikör. Sie verriet nie, wie sie ihn zubereitete, aber er war so kompakt aus frischem Eigelb und Alkohol hergestellt, dass man ihn kaum aus dem Flaschenhals gießen konnte. Ich naschte als Kind oft an dieser Köstlichkeit und holte den Likör auch zur Not mit dem Finger aus der Flasche. Mutter wunderte sich daher oft, wenn sie den Eierlikör Gästen anbot, dass schon wieder so viel davon weg war. Auch ihr Johannisbeerlikör, den sie mit schwarzen Johannisbeeren aus unserem Garten zubereitete, wurde von den Gästen sehr gelobt.

Meine liebste Süßspeise war Mutters Schokoladen- und Vanillepudding mit Haut. Wenn sie nachmittags Nachbarn oder auch die feinen Gattinnen des Bürgermeisters, Gemeindedirektors und Sparkassendirektors zu sich einlud, schenkte sie ihnen oft viel zu starken Kaffee ein und reichte dazu »Koekjes«, die sie selbst aus Mürbeteig buk, nachdem sie sie erst mit Eigelb und dann mit Mandeln überzogen hatte. Besonders gut gelang Mutter auch ihr Rodonkuchen, in den sie immer Zitronat und Orangeat gab. Beim Ausstechen der Formen und Bepinseln der Plätzchen durfte ich Mutter manchmal helfen, aber meist sah ich ihr nur zu. Denn ich war ihr einfach nicht schnell genug.

Vaters Beitrag zu Mutters Kochkünsten war das Pökelfleisch, das er vor Pessach mit viel Salz einlegte. Es schmeckte sehr gut auf den Matzen, die wir jedes Jahr sieben Tage lang aßen, oder auch aufgewärmt mit Meerrettich.

## Endlich Schule

Als wir Theresienstadt verließen, konnte ich kaum rechnen, lesen oder schreiben. In Weeze besuchte ich nach unserer Rückkehr zum ersten Mal die Volksschule. Aber ich war natürlich in allen Fächern sehr hinterher und musste sehr viel nachholen. Meiner Mutter war es recht, dass ich ihr deshalb nicht im Haushalt helfen konnte, denn ich machte ihr ohnehin nichts gut genug.

Ich kann mich nicht an meinen ersten Schultag erinnern. Aber ich weiß, dass ich mich während der ersten Zeit nach Theresienstadt lange in der Schule nicht wohl fühlte. Oft stellte ich mich sogar krank, damit ich nicht zum Unterricht musste. Ich sagte, ich hätte Bauchschmerzen, und bekam dann eine Wärmflasche und das Essen ans Bett gebracht. Trotz dieser Schwierigkeiten gelang es meiner Mutter, dass ich jedes Jahr eine halbe Klasse weiterversetzt wurde, bis ich schließlich meine Freundinnen eingeholt hatte. Aber ich machte immer noch sehr viele Fehler.

Wir waren 70 Kinder in einer Klasse. Der Religionslehrer Pastor Mütter war besonders nett zu mir. Beim Religionsunterricht verließen die evangelischen Schüler und ich, als Jüdin, meist das Klassenzimmer. Aber wenn das Alte Testament durchgenommen wurde, fragte Pastor Mütter mich immer, ob ich nicht zuhören und mitmachen wollte. Als ich später heiratete und Kinder bekam, war er begeistert, dass ich ihnen biblische Namen gab. Als er jedoch erfuhr, dass ich meinen ältesten Sohn oft »Danni« nannte, sagte er mir, ich müsse ihn auf jeden Fall immer nach seinem vollen Namen, nämlich »Daniel«, rufen. »Geschenk Gottes«, sagte er, »Denn sonst hieße er ja nur Geschenk.«

Ich kann mich aus der Volksschulzeit auch noch an Fräulein Thielen erinnern, die eine sehr nette Lehrerin war. Doch eines Tages hieß es plötzlich: »Fräulein Thielen ist in Bedburg, sie hat religiösen Wahn.« In Bedburg war die Psychiatrische Anstalt. Erst vor einigen Jahren erfuhr ich, dass Fräulein Thielen während der Nazizeit verhaftet worden war. Über Lehrer H., der mir auch in Erinnerung ist, wurde mir gesagt, er wäre ein großer Nazi gewesen und hätte etwas mit der Verhaftung von Fräulein Thielen zu tun gehabt. Auch Herr V., der später Schulrat wurde, soll ein großer Nazi gewesen sein. Ich mochte ihn allerdings und auch seine Frau, die ebenfalls an unserer Volksschule unterrichtete.

In der Volksschule waren meine besten Freundinnen Annemie, Gertrud, Hanne und Mali. Sie gehören bis heute zu meinem engsten Freundeskreis. Wir alberten damals sehr viel im Unterricht herum. Annemie bekam deshalb sogar ein »Mangelhaft« von Fräulein Zumkley, die uns immer zum Losprusten brachte, weil sie Annemie auf für uns übertrieben hochgestochen klingende Art aufrief. Frau Zumkley suchte sogar Mutter auf, um ihr zu sagen, wie enttäuscht sie war, dass ich mit den anderen mitlachte. Sie vertraute ihr an, dass sie ganz krank davon wäre, dass wir uns immer über sie lustig machten. Wir probierten danach sehr, uns zusammenzureißen und ernst zu bleiben.

Meine Freundinnen fragten mich damals nicht danach, was mit mir in Theresienstadt geschehen war. Später kamen sie zu meinen Vorträgen als Zeitzeugin. Sie konnten oft nicht fassen, was ich erzählte, weil wir seit so vielen Jahren so eng befreundet waren und sie noch nie von dem, was ich damals erlebt hatte, gehört hatten. Wir sprachen eben nie darüber.

Die holländischen Juden, die den Krieg überlebt hatten, nahmen sich in der Nachkriegszeit der Kinder, die alleine aus den Konzentrationslagern zurückkamen, sowie jüdischer Kinder aus den niederländischen Kolonien an. Selbst meinen Eltern wurde 1950, noch während meiner Volksschulzeit, das Angebot gemacht, mich für einige Monate nach Enschede in Holland zu schicken.

Mir gefiel der Vorschlag, und so sagten meine Eltern zu, und ich verbrachte dort sehr schöne Monate. Das wichtigste an meiner Zeit in Enschede war für mich, dass ich mich zum ersten Mal verliebte. Ich kam zur Familie Heymann, die eine Hemdenfabrik besaß und im Krieg untergetaucht war. Die Tochter des Ehepaars Heymann, Herta, lebte damals bereits in England. Herr Heymann war ein sehr religiöser Mann. Seine Frau ist mir als eine sehr gepflegte Dame in Erinnerung.

Ich hatte es sehr gut bei den Heymanns. Sie hatten auch einen jungen Mann bei sich wohnen, der zum Ingenieurstudium aus Indonesien da war. Er hieß Api Blitz und kochte für uns ein Mal, daran erinnere ich mich noch gut, eine indonesische Reistafel. Api, der bereits eine Freundin hatte, war mit Marcel Frankenhuis

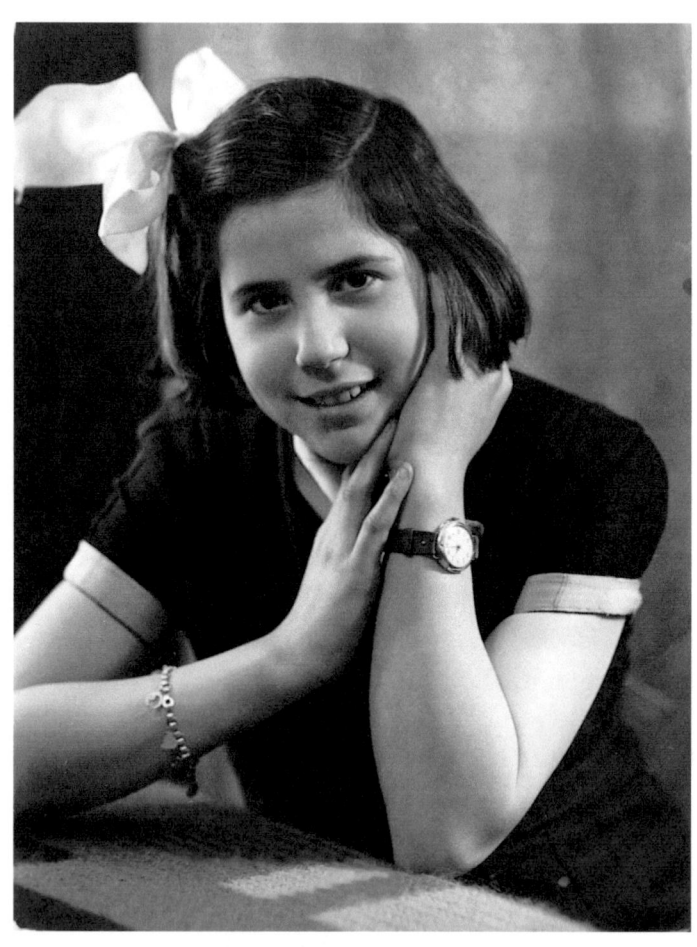

*Abschlussfoto am Ende meiner Volksschulzeit.*

vom Nachbarhaus gegenüber befreundet. Marcels Mutter hatte ein Mode-Atelier und war die Vorsitzende der jüdischen Gemeinde.

Ich mochte Marcel sehr und pendelte immer zwischen Heymann und Frankenhuis hin und her. Marcel bot mir an, mir Hebräischunterricht zu geben. Ich träumte davon, mit ihm nach Israel auszuwandern, wie er dies für seine Zukunft plante. Ich verriet ihm damals natürlich nicht, wie sehr ich ihn mochte. Aber durch ihn dachte ich erstmals daran, wie es wäre, eines Tages in Israel zu leben. Zugleich wurde mir bewusst, dass es schwierig oder gar unmöglich für mich wäre, meine Eltern in Deutschland zurückzulassen.

## Ausflug zur vereisten Niers

Ich musste vor jedem Spaziergang oder anderen Unternehmungen mit meinen Freundinnen immer erst zuhause Bescheid sagen, sonst wäre Mutter wieder mal in »einer Aufregung« gewesen und hätte die Polizei geholt. Das kam eben noch von ihren fortbestehenden Ängsten um mich.

Kurz nachdem wir zurück waren, erlebte ich ein kleines Abenteuer, das sowohl Mutter als auch mir einen großen Schrecken einjagte. Der Fluss, der sich durch Weeze und viele andere Ortschaften am Niederrhein zieht, die Niers, war damals zugefroren. Eines Tages ging ich mit meinen Freundinnen dort entlang spazieren, und sie hüpften alle über die vereiste Niers an das gegenüberliegende Ufer. Ich traute mich zunächst nicht und blieb alleine zurück. Als ich es endlich selbst versuchte, zerbrach das Eis unter mir, und im nächsten Moment sank ich in den Fluss ein. Meine Freundinnen waren entsetzt und riefen:»Hilf, Maria, es ist Zeit, Mutter der Barmherzigkeit.« Es gelang mir, mich selbst aus dem Wasser herauszuziehen, doch dann musste ich so loslachen, dass ich wieder einsackte. Schließlich kroch ich wieder raus und schleppte mich zu einem Panzer hinüber, der noch aus den Kämpfen mit den Alliierten am Uferrand zurückgeblieben war. Mir war eiskalt und ich zitterte am ganzen Leib. Ich hatte Strickstrümpfe an, die natürlich vollkommen durchnässt waren. In der Roggenstraße, die auf meinem Heimweg lag, wohnte eine Familie, die wir gut kannten. Zu ihnen lief ich nun. Sie zogen mir schnell die Strümpfe aus und hängten sie über den Herd. Dann wartete ich bis zehn Uhr abends, bevor ich mich nach Hause wagte. Denn ich war davon überzeugt, dass meine Mutter zu viel gekriegt hätte, wenn ich mit den nassen Strümpfen nach Hause gekommen wäre. Doch sie war auch so außer sich vor Sorge und hatte schon überall angerufen, auch die Polizei, als ich endlich eintraf. Ich erzählte ihr nicht die Wahrheit, sondern sagte, ich hätte so schön bei den Nachbarn gespielt, dass ich die Zeit nicht bemerkt hätte. Sie erfuhr nie, was wirklich passiert war.

Mutter war übrigens eine gläubige Frau, sie betete oft und hielt auch mich dazu an. Eines Tages, ebenfalls kurze Zeit nachdem wir nach Weeze zurückgekehrt waren, sagten meine Freundinnen zu mir:»Wie schade, Edith, du bist doch so lieb, aber du kannst trotzdem nicht in den Himmel kommen, denn du bist ja nicht getauft.« Als ich entsetzt fragte:»Warum komme ich denn nicht in den Himmel?«, gaben sie mir zur Antwort:»Jetzt hast du die größte Sünde begangen! Denn wir haben Dogmen, da darf man so etwas nicht fragen.« Ich war sehr traurig und weinte. Doch als ich Mutter davon erzählte, beruhigte sie mich: »Dummes Kind, du betest doch jeden Abend zu Gott, da kommst du auch in den Himmel.«

Mutter hatte zugleich so einige Eigenheiten, die mir damals als Kind unangenehm waren. So benutzte sie gerne sehr dramatische Ausdrücke wie »Mein Herrgott!«, »Auf mein heiliges Ehrenwort!« und »Wahrhaftig!« Sie war in ihrem Tun für mich oft zu überschwänglich. Zugleich achtete sie immer sehr darauf, wie überschwänglich ich selbst ihr gegenüber war, ob ich ihr auch etwas schenkte, und was es war. Ich denke, dies kam daher, dass sie in ihrer Familie das Nesthäkchen gewesen und dementsprechend verwöhnt worden war. Sie hatte auch ganz eigene Vorstellungen davon, was sich gehörte, und probierte, mich entsprechend zu erziehen. So sagte sie mir oft, es wäre nicht anständig, wenn man volle Lippen hätte. Ich versuchte es mir daraufhin wirklich abzugewöhnen, indem ich meine Lippen so dünn wie möglich zog. Und wenn im Fernsehen, das wir später hatten, eine Frau mit vollen Lippen oder einem breiten Lächeln zu sehen war, bemerkte Mutter dazu oft: »Die hat aber einen viel zu breiten Mund.«

**Erste Verehrer**

Nach Abschluss der Volksschule ging ich 1952 für ein Jahr in die Haushaltungsschule im Nachbarort Goch. Meine zukünftige Klassenlehrerin dort wollte mich zunächst gar nicht aufnehmen, weil ich noch so viele Fehler machte. In der Haushaltungsschule begegnete ich der Tochter der Frau, die Mutter gegenüber damals so gemein gewesen war, als es um die Südfrüchte ging. Aber wir sprachen natürlich nicht darüber. Mir ist aus dem Jahr in Goch ein unangenehmes Erlebnis in Erinnerung. Eines Tages hatten wir Kochunterricht. Wir formten dazu Paare, und die Klassenkameradin, mit der ich gemeinsam kochen sollte, schmiss mir plötzlich Salz in die Augen. Als ich schockiert fragte, warum sie das gemacht hatte, antwortete das schielende Mädchen: »Weil du so schöne Augen hast.« Das hab ich nie vergessen.

Das Wichtigste an meiner Schulzeit in Goch war, dass ich meine langjährige Freundschaft mit Marianne begann, die ebenfalls aus Weeze kam. Marianne und ich saßen in der Schule immer zusammen. Sie ließ mich in Chemie und Mathematik abschreiben, sonst hätte ich diese Fächer nie geschafft.

Von 1952 bis 1954 ging ich dann auf die Frauenfachschule im etwa vierzig Kilometer entfernten Krefeld. In dieser Zeit war ich noch sehr labil und hatte immer große Angst, nicht bestehen zu können. Auch in der Schule in Krefeld, wohin ich morgens um sechs Uhr mit Marianne mit dem Zug fuhr, wurde über mein Schicksal als Kind geschwiegen. Zugleich gab es eine Lehrerin, Frau Knocke, die Geschichte unterrichtete und ständig sagte: »Mädels, holt mal bitte die Karte von den Ostgebieten raus.« Dann zeigte sie darauf und kommentierte: »Seht mal, Mädchen, das haben wir alles verloren!« Und ich saß mitten drin, aber nie sagte sie oder jemand anderes mal: »Edith, du warst doch im KZ. Was hast du erlebt?«

*Mit meinen wunderbaren Freundinnen,(v.l.o.n.r.u.)*
*Gertrud, Annemie, Hanne, Mali und Marianne.*

Meine Freundinnen und ich tanzten damals oft bis in die Nacht, manchmal bis vier Uhr morgens. Dann musste ich trotzdem um sechs Uhr den Zug erwischen. »Edith, du weckst mich«, sagte Marianne, die ebenfalls zum Tanzen ging, gerne zu mir und nutzte die Fahrt nach Krefeld zum Schlafen. Gerade nach solchen durchtanzten Nächten zeigten wir immer besonders eifrig im Unterricht auf. Unsere Lehrerin fiel jedes Mal auf diesen Trick herein und sagte kopfschüttelnd:»Also, das will ich nicht, nicht immer nur die Weezer.« Sie weigerte sich, uns dranzunehmen. Unseren Tischnachbarinnen gestanden wir:»Wir haben wieder nichts gelernt.« Aber auch sie wollten uns das nicht glauben und sagten:»Edith, warum machst du immer solche Witze? Ihr lernt doch immer!« In der ›Bierzeitung‹ wurde über uns sogar geschrieben, wir wären mit »goldenen Lenkern« auf die Lehrer zugefahren. Auch Jahre später wollten unsere Klassenkameradinnen uns immer noch nicht glauben, dass wir nur so getan hatten.

Als Marianne und ich die Frauenfachschule mit 16 Jahren beendet hatten, unternahmen wir gemeinsam eine Reise nach Wolfach im Schwarzwald. Kaum waren wir dort angekommen, kaufte ich mir ein Dirndl und Marianne sich ein Paar Schuhe. Abends saßen wir dann in unserer Pension auf unseren Betten, und uns wurde plötzlich bewusst, wie dumm es von uns gewesen war, gleich so viel Geld auszugeben. Vor allem Marianne hatte nicht mehr genug Geld für den Rest des Urlaubs übrig. Als ich überlegte, was wir bloß machen könnten, fiel mir auf, dass sich an meinem Dirndl bereits eine Naht gelöst hatte. Als ich mich am nächsten Tag im Geschäft beschwerte, bot mir der junge Verkäufer an, er könnte die Naht bis zum Nachmittag ausbessern lassen. Ich erwiderte jedoch mit scheinbar empörter Stimme: »Nein, ein Kleid, an dem die Naht nicht in Ordnung ist, das nehme ich nicht.« Auch Marianne hatte an ihren Schuhen eine kleine Macke entdeckt und lehnte das Angebot ab, diese einzutauschen. Schließlich erklärte sich der freundliche Mann bereit, uns unser Geld zurückzuerstatten, wobei er deutlich machte, dass er uns durchschaut hatte. Wir waren natürlich überglücklich und tanzten sogar abends noch mit diesem Verkäufer.

Beim Tanz in Wolfach lernten wir auch zwei andere junge Männer kennen, Dieter, der das Waldhorn blies, und seinen Freund Martin. Mit Laternen begleiteten die beiden uns nach dem Tanz zurück zu unserer Pension. Die Besitzerin war empört, dass wir ihre Tochter nicht mit zum »Lampionfest« genommen hatten. Sie ahnte nicht, dass sich unsere beiden Verehrer mit den Laternen nur einen Spaß erlaubt hatten. Dieter schrieb mir noch zwei Jahre lang.

Ein anderer Verehrer von mir, der jahrelang beharrlich versuchte, mein Herz zu erobern, war Paul, der in Geldern wohnte. Ich habe noch heute zahlreiche Briefe und Postkarten von ihm, die er mir manchmal drei oder vier Mal am Tag schrieb. Ich hatte ihn gern, aber ich war nicht verliebt in ihn. Ich besitze noch einen Entwurf eines Briefs, den meine Mutter Paul in dem Sommer schrieb, in dem Marianne und ich in Wolfach waren. Es war einer ihrer Versuche, ihm deutlich zu machen, dass er doch seine Hoffnung auf mich aufgeben sollte. So schrieb sie:

*Ganz unverständlich ist's uns, nachdem die Edith doch zur Zeit in Kevelaer mit Ihnen zusammentraf u. Ihnen deutlich sagte, daß sie weiterhin keine Beziehung zu Ihnen haben möchte, Sie sich dennoch immer wieder ans schreiben halten. Tun Sie sich u. uns doch den Gefallen u. unterlassen Sie dies bitte weiterhin.*

Doch es half nichts. Einige Jahre später schrieb Paul mir immer noch:

*Wie steht es mit unserer Verlobung. Nach fünfjähriger Bekanntschaft dürfte dieser Schritt doch wohl gerechtfertigt sein? Aber Du kannst es Dir ja überlegen. Ich habe Dir schon mehrmals entsprechende Vorschläge gemacht. Zu Deiner Beruhigung möchte ich Dir sagen, daß ich Dich nicht mehr zu einer Konversion bewegen will. Du kannst selbstverständlich nicht etwas tun, was sich nicht mit Deinem Gewissen vereinbaren läßt. Edith, ich liebe Dich! Du kannst Dir nicht vorstellen, wie sehr ich mich in dem vergangenen Jahr nach Dir gesehnt und wie sehr ich Dich vermißt habe. Ich habe täglich an Dich gedacht. Edith, laß mich Dich doch bitte lieben, wie Du es verdienst! Ich habe das Verlangen, Dir meine ganze Liebe bedingungslos zu schenken. Wenn Du sie nur annehmen wolltest!*

Wie aus diesem Brief deutlich wird, war das Thema Religion ein großes Hindernis zwischen Paul und mir. Er konnte bei aller Liebe nicht damit zurecht kommen, dass ich jüdisch war, und für mich kam eben kein nichtjüdischer Mann in Frage. Das Tragische ist, dass Paul recht jung starb. Nach seinem Begräbnis erfuhr ich von einem Freund, wie sehr es ihn mitgenommen hatte, dass ich mich nicht für ihn entschieden hatte.

Mit 17 Jahren bekam ich wegen Bronchitis eine Kur verschrieben und reiste nach Bad Reichenhall. Ich war zwar bereits mehrfach zu Verwandten ins Ausland und mit meiner Freundin Marianne in Deutschland verreist, doch dies war der erste Urlaub, den ich ganz alleine unternahm.

Wie auch in späteren Jahren, fuhr ich auf gut Glück los, ohne vorher eine Unterkunft zu reservieren. Gleich gegenüber vom Bahnhof befand sich der Zimmernachweis. Dort begegnete ich einer Dame, die mir nicht nur eine Unterkunft vorschlug, sondern mir auch sehr dazu riet, Dr. Prestele als meinen Kurarzt zu wählen. Sie gestand mir später, dass sie darauf gehofft hatte, wir beiden könnten ein Paar werden. Dr. Prestele war tatsächlich ein sehr beeindruckender, außerordentlich gebildeter Mann. Er war sehr an religiösen Dingen interessiert und kannte sich gut mit jüdischer Literatur, insbesondere den Werken von Martin Buber, den auch ich verehrte, aus. Zu Anfang war er wohl sehr in mich verliebt, doch er akzeptierte es, als ich ihm sagte, dass ich seine Gefühle nicht erwidern konnte. Ich mochte ihn sehr und genoss die Zeit, die ich mit ihm verbrachte, aber abgesehen davon, dass er nicht jüdisch war, bereitete es mir auch Probleme, dass er wesentlich älter war als ich. Rückblickend muss ich heute darüber schmunzeln, dass er an mir interessiert war, obwohl ich doch damals recht naiv und ungebildet war. Aber er schien darüber hinwegzusehen.

Die Begegnung mit Dr. Prestele war dennoch der Beginn einer Freundschaft, die über Jahrzehnte und bis zu seinem frühen Tod andauerte. Ich fuhr immer wieder nach Bad Reichenhall in Kur und tauschte mit ihm, und später auch seiner Frau, Briefe aus. Er war immer für mich da, und gab mir gute Ratschläge, egal ob es um medizinische oder andere Fragen ging.

**Brust raus**

Auch nachdem ich wieder zuhause in Weeze war, wurde ich die Erinnerung an die Missbraucherfahrung in Theresienstadt nicht los. Ich steigerte mich sogar immer mehr in diese Gedanken hinein und ließ sie zur Schattengestalt werden, die mich gehemmt machte und schweigend. Nur in der gelockerten Umgebung meiner Freundinnen konnte ich oft lustig, ja sogar ausgelassen und froh sein, was mir zugleich fast unerlaubt vorkam. Meine größte Stütze wurde schließlich mein tiefer, kindlicher Glaube an Gott, den ich in meiner Not zu Hilfe bat:»Bitte, Gott, hilf mir, dass keiner merkt, was mit mir geschehen ist.« Ich war nie böse auf den Täter, so kommt es mir heute zum Bewusstsein. Nein, ich war böse auf mich selbst.

Meine Pubertät begann, als ich etwa zwölf Jahre alt war. Tante Erna und Onkel Walter aus Goch äußerten sich zu den Veränderungen meines Körpers mit Kommentaren wie:»Wie deine Herzchen wachsen, du wirst eine richtige Dame.« Solche Bemerkungen trafen mich zutiefst. Auch manche Sprüche meines Vaters waren mir unerträglich, beispielsweise:»Edith, Brust raus!« Ich denke, das in diesem Alter vielleicht normale Gefühl der Peinlichkeit war bei mir verstärkt. So hielt ich mich in gekrümmter Haltung, denn es war doch etwas nicht in Ordnung mit mir. In der Haushaltungsschule in Goch erfuhren wir in Gesundheitslehre vom menschlichen Körper, und ich dachte erschrocken:»Ich muss wohl geschlechtskrank sein!« Entdeckte ich einen pubertätsbedingten Pickel bei mir, so versuchte ich ihn mit Salbe und Puder zu kaschieren.

Vater, den ich über alles liebte, sprach viel mit mir und war in vielem Vorbild für mein Leben. Er war nie streng zu mir und schimpfte nie mit mir, dafür Mutter allerdings umso mehr. Sie war durch den Verlust ihrer Geschwister immer leicht aufgeregt und aus meiner

Sicht oft ungerecht zu mir. Vater gab mir oft guten Rat und sagte zugleich:»Du kannst dir das überlegen, musst es aber selbst entscheiden.« Und wenn ich mich tatsächlich gegen seinen Rat entschied, machte er mir nie Vorwürfe.

Da er nicht mehr gut laufen konnte, saß er oft am Fenster und beobachtete die Menschen, die vorbeigingen. Immer fielen gute Worte, er war ja auch in Weeze geboren, kannte fast alle. Aber ein Mal kam eine hagere Frau vorbei, und er kommentierte abschätzig:»Tja, Kind, es sind die schlechtesten Früchte nicht, woran die Wespen nagen.« Ich drängte ihn, mir zu erklären, was er meinte. Da sagte er:»Diese Frau war mal sehr gut aussehend, aber sie ging mit vielen Männern, davon kann man krank werden.« Und er erzählte mir über die Krankheiten, die man sich so holen konnte. Ich fragte nicht mehr weiter, denn da war es wieder, dieses Schuldgefühl, weil ich doch selbst ein Mal wegen Milch und Brot mitgegangen war.»Du bist sicher auch krank, so wird es sein«, dachte ich wieder bei mir. Ich hielt mich sehr sauber, hatte, wie man heute wohl sagen würde, einen regelrechten Waschzwang. Würde ich verraten, was passiert war, so ging es durch meinen Kopf, so würden meine Eltern, vor allem mein Vater, bestimmt darunter leiden. Eine geschlechtskranke Tochter, diese Schande! Auch machte ich mir Sorgen, dass meine Freundin Marianne, die nach Abschluss der Frauenfachschule Medizinisch-Technische Assistentin geworden war und im Gesundheitsamt in Geldern arbeitete, womöglich Probleme bekäme, weil sie mit mir Umgang gehabt hatte. Ich wurde immer empfindlicher, und je älter ich wurde, desto weniger wusste ich mit meiner vermeintlichen Krankheit umzugehen.

Mit 17 Jahren stellte Dr. Gising in Krefeld dann bei mir eine Mandelentzündung fest und riet mir, die Mandeln entfernen zu lassen. Als er mir Blut abnehmen wollte, weigerte ich mich, ihn dies tun lassen. Er fragte mich erstaunt, warum ich ein Problem damit hätte. Erst wich ich ihm aus, doch als er nicht aufhörte zu fragen, erzählte ich ihm meine Geschichte und schloss mit der Bemerkung, dass ich glaubte, wegen der Geschlechtskrankheit auch nicht mein Staatsexamen machen zu können. Es war für mich wie ein Wunder, als ich herausfand, dass seine Frau Gynäkologin war. Sie machte einen Test, der sich zu meiner großen Erleichterung als negativ herausstellte. Nun riet mir Dr. Gising dazu, schnell einen Freund zu finden, dem ich alles erzählen sollte. Auch sollte ich schnell heiraten und Kinder bekommen.

## Andere Jüdische Heimkehrer

Vom traurigen Schicksal der Familie Koopmann, die ja zunächst nach Holland geflohen war, erfuhren wir erst nach unserer Rückkehr. Die gesamte Familie war deportiert worden und umgekommen. Der Tod der beiden Koopmann-Kinder, Marion und Rosemarie, hat mich nie losgelassen. Ich hatte sie ja in meiner Kindheit gekannt, sie waren Weezer Mädchen wie ich und mir auch altersmäßig so nah. Ihr Schicksal hätte leicht auch meines sein können. Die Trauer um ihren Tod und den ihrer Eltern hat mich nie ruhen lassen, und so war ich sehr froh, als vor einigen Jahren endlich eines meiner wichtigsten Anliegen, nämlich die Errichtung eines

Denkmals für die verfolgten jüdischen Weezer, in die Tat umgesetzt wurde.

Auch Erna Valk und ihr Mann Walter lebten, wie ich bereits erwähnte, nach der Nazizeit wieder in ihrem Heimatort, unserem Nachbarort Goch. Erna hatte mehrere Konzentrationslager überlebt und konnte schließlich fliehen. Walter überlebte den Todesmarsch von Dachau. Die beiden hatten ihre Tochter Leni nach Holland geschickt, weil sie dachten, dass sie dort in Sicherheit wäre. Doch Leni wurde nach Sobibor deportiert und überlebte nicht.[62] Mutter verletzte Ernas Gefühle nach dem Krieg sehr, indem sie über mich manchmal sagte: »Durch ein Gotteswunder hat mein Kind überlebt.« Dabei hatte ich Erna und Walter gegenüber ein schlechtes Gewissen, dass ich überlebt hatte. Dies war ein wesentlicher Grund dafür, dass ich nach der Volksschule in Goch auf die Haushaltungsschule ging, woran ich eigentlich kein Interesse hatte. Aber auf diese Weise konnte ich Erna und Walter regelmäßig besuchen. Dabei glaube ich heute, dass es für beide immer sehr schmerzlich war, wenn sie mich oder meine Eltern sahen, da ich ja noch lebte und ihr einziges Kind Leni umgebracht worden war.

Meine Freundinnen und ich können uns auch noch an ein lustiges Ereignis erinnern, als Walter ein Mal an meinem Geburtstag zu Besuch kam. Er traf allerdings nicht meine Eltern an, sondern nur meine Freundinnen und mich. Wir hatten in allen Räumen die Vorhänge zugezogen und spielten Verstecken. Spontan schloss er sich uns an und brachte uns unentwegt dadurch zum Erschrecken und Lachen, dass er immer wieder an das Schutzblech unseres Brikettofens stieß, was sehr bedrohlich klang. Der Ofen diente damals in unserem Haus als Heizung, ich weiß noch, wie beschwerlich es für Mutter war, ihn in Gang zu halten. Während wir so spielten, saß ich auf unserem Küchenschrank und schüttelte mich vor Lachen, wodurch der ganze Schrank vibrierte. Am nächsten Tag öffnete Mutter eine Schranktür, um eine Tasse herauszuholen, und im nächsten Moment kam ihr das ganze Geschirr entgegen. Vor lauter Schreck fing sie nichts auf, sondern rief nur:»Um Gottes Willen!« Und schon zerschlug das Porzellan auf dem Küchenboden. Daraufhin sagte Mutter entsetzt:»Was soll ich jetzt machen? Soll ich mich ohrfeigen?« Und Vater erwiderte:»Julchen, du musst gar nichts machen. Aber du darfst auch nicht mehr schimpfen, wenn irgendetwas bei uns kaputt geht.« Sie machte nämlich immer ein großes Theater, wenn mal eine Tasse oder ein Teller kaputt ging. Nach diesem Vorfall schimpfte sie tatsächlich nie mehr, wenn dergleichen passierte. Aber sie erfuhr auch nie, dass ich hinter dem Verlust des Porzellans steckte.

Auch Grete Bruch kam aus Goch und kehrte dorthin nach dem Krieg zurück. Sie hatte Mann und Kinder im KZ verloren und war noch immer sehr verwirrt und mitgenommen.[63] Frau Bruch heiratete später einen ehemaligen Nazi. Die Menschen in Goch waren darüber schockiert. Er als Nazi und sie als Jüdin nach den argen Erlebnissen! Das machte mich als Kind sehr betroffen.

Dann gab es noch das jüdische Ehepaar Bütow, das wir erst nach dem Krieg kennenlernten. Herr Bütow hatte in Geldern eine Tabakfabrik gekauft.[64] In einem Brief, den ich Ende der 50er Jahr von Mutter erhielt, beschrieb sie die Schwierigkeiten der Bütows, an ihre Wiedergutmachung zu gelangen:

*Die Frau Bütow kommt mit der Wiedergutmachung nicht weiter, man verlangt sogar 30000 DM zurück, was sie unberechtigt bekommen hätte. Er hätte die Beschädigtenrente verlangen müssen, was er nicht wollte, er verlangte keine Almosen u. das ist ihr Unglück. Sie hat auch Dr. Puppe. Sie ist ganz erledigt dadurch, denkt Euch was die alles bekäm. Der ihn behandelnde Arzt gibt die beste Auskunft, aber ein Professor, der als Vertrauensarzt eintritt, verwirft alles, sicher ein dicker Nazi.*

Frau Bütow war zum Judentum übergetreten, als sie Herrn Bütow heiratete. Die Familie hatte in Belgien überlebt und das Ehepaar Bütow hatte sogar während der Nazizeit seine beiden Töchter, Doris und Ruth, taufen lassen. Später waren sie so sehr davon überzeugt, dass die Mädchen dadurch überlebt hatten, dass sie die Taufen nicht rückgängig machen ließen. Ich besuchte oft mit Mutter und Frau Bütow die Synagoge. Mutter betete immer zu ihrem »Herrgott«, und Vater sagte oft, sie hätte einen Gott für sich alleine. Mich hielt Mutter jeden Abend zum Aufsagen des folgenden Gedichts an:

*Alle, die mir sind verwandt*
*Gott, schütze sie mit deiner Hand*
*Alle Menschen, groß und klein*
*Sollen dir befohlen sein*
*Lieber Gott, kannst alles geben*
*Gib auch, was ich bitte*
*Nun schütze diese Nacht mein Leben*
*Lass mich sanft und sicher ruhen*
*Seh' auch vom Himmel wieder auf*
*Die lieben Eltern mein*

Lustigerweise missverstand ich als Kind die erste Zeile dieses Gebets und dachte immer, es handle sich hier darum, dass alle »Diemer« miteinander verwandt wären. Wer diese Diemer wohl waren, wusste ich allerdings nicht. Ich glaube, dass ich meinen tiefen Glauben an eine höhere Macht von Mutter übernahm. Seit damals liebe ich es, in allen Situationen zu beten, genau wie sie. In Weeze selbst lernten wir nach dem Krieg Familie Zickel kennen, die erst nach unserer Deportation im Februar 1944 hierher gezogen waren. Werner Zickel war eigentlich evangelisch, aber dann fand er heraus, dass er nach Sicht der Nazis halb-jüdisch war, weil sein Vater Jude gewesen war. Aus diesem Grund zog Familie Zickel während des Kriegs immer wieder um, wenn sie sich Sorgen machen mussten, dass ihr Geheimnis gelüftet werden könnte, und weil Herr Zickel deshalb immer wieder die Arbeitsstellen wechseln musste. In Weeze war ihre letzte Station vor Kriegsende, und dort lebten sie auch nach unserer Rückkehr. Das Ehepaar Zickel hatte vier Kinder. Bei einer der Töchter, Lore, bekam ich Nachhilfeunterricht. Ganz besonders ist mir seit damals die Eselsbrücke in Erinnerung, die Lore sich ausdachte, um mir das englische Wort für Fahrrad, »bicycle«, einzuschärfen. Sie sagte schlicht: »Na, wo bist du denn gerade, Edith?«»Bei Zickel«, gab ich zur Antwort. Und kurz darauf, fiel bei mir der Groschen. Mutter verstand sich sehr gut mit Frau Zickel, man konnte die beiden oft vor unserem Haus plaudern sehen. Wir waren erschüttert, als Herr Zickel bereits 1952 mit nur 44 Jahren bei einem Unfall starb. Bis heute sind unsere Familien, nun bereits in der dritten Generation, freundschaftlich verbunden.

## Beruf und Berufung

Ich wählte den Beruf der Kindergärtnerin, weil ich jüdische Kinder erziehen wollte. Von 1954 bis 1956 besuchte ich das Kindergartenseminar in Krefeld. Ich fühlte mich inzwischen insgesamt viel besser, nachdem mir Dr. Gising meine schlimmen Ängste hinsichtlich meines Gesundheitszustands genommen hatte. Inzwischen kam ich auch gut im Unterricht mit und wurde nicht mehr durch Zittern und Nervositätszustände belastet. Selbst vor Prüfungen hatte ich keine Angst mehr. Die Jahre im Kindergartenseminar genoss ich sehr.

In dieser Zeit verbrachte ich den Spätsommer 1955 als Vorpraktikantin im jüdischen Kinderheim Wartheim in Heiden in der Schweiz. Es handelte sich hierbei um ein Kinderheim des jüdischen Frauenvereins Zürich. Die Leitung des Heims hatte das Ehepaar Neufeld, von dem ich sehr begeistert war. Frau Neufeld kümmerte sich um die körperliche Betreuung, Essensausgabe und Kleidung. Herr Neufeld sorgte für die pädagogisch-religiöse Betreuung.

Im Heim befanden sich Kinder aus England und der Schweiz, die noch sehr unter dem Eindruck des Krieges standen. Sie malten Bilder, auf denen Flugzeuge Bomben abwarfen, und bastelten auch Flugzeuge, die sie mit Hakenkreuzen versahen. Alle Kinder waren sehr mitgenommen und dankbar für jede Zuwendung.

Mich beeindruckten besonders die Kabbalat-Schabbat-Feiern, die ich in Heide zum ersten Mal erlebte. Herr Neufeld sang mit uns und den zum Schabbat festlich gekleideten Kindern. Er ließ ein Mädchen die Schabbatlichter anzünden.

Aus meiner Tätigkeit im Heim ist mir ein Kinderlied besonders in Erinnerung geblieben, mit dem den Kindern auf lustige Weise die hebräischen Worte für die Zahlen eins, zwei und drei beigebracht wurden:

*Auf dem Carmel-Berge*
*Ächad, staim, schalosch*
*Saßen drei Zwerge*
*Ächad, staim, schalosch*
*Sie aßen nicht*
*Sie tranken nicht*
*Sie nickten mit dem Angesicht*
*Ächad, staim, schalosch*

Ich widmete meine ganze Freizeit den Kindern und spielte viel mit ihnen. Nach sechs Wochen nahm ich traurig Abschied, und alle Kinder und Familie Neufeld winkten mir nach.

Meine Eltern hätten mich damals sicherlich am liebsten in Weeze gehalten. Vater sagte immer zu mir:»Du brauchst außer der Volksschule keine weitere Schule zu besuchen. Du bist doch das einzige Kind, für dich ist gesorgt.« Aber Mutter wollte, dass ich eine gute Ausbildung erhielt, sie stellte ja immer hohe Anforderungen an mich und hatte zugleich als einziges der Hartoch-Geschwister selber keine Ausbildung erhalten. Meinen Beruf suchte ich mir selbst aus, und ich war auch fest entschlossen, nicht in Weeze zu bleiben.

Nach Abschluss des Kindergartenseminars fuhr ich 1956 nach Köln, um bei der jüdischen Gemeinde vorstellig zu werden. Bereits im Korridor des Gemeindehauses traf ich auf Ernst Simons[65] und erzählte ihm, dass ich eine Stelle als Erzieherin suchte. Er reagierte sofort sehr positiv:»Auf Sie haben wir gewartet! Kommen Sie herein.« Die damalige Kinderschwester der Gemeinde, Miriam Brunel, war kurz davor, ihre Stelle aufzugeben. »Wir brauchen Sie dringend«, sagte Herr Simons daher zu mir.

Als ich mit Herrn Simons durch das Gemeindehaus ging, trafen wir auf Oberrabbiner Asaria. Auch er zeigte sich begeistert und sagte: »Das ist ja wunderbar, dann haben wir jetzt eine jüdische Kindergärtnerin. Da müssen wir gleich mit Herrn Kessler reden.« Herr Kessler war damals der zweite Vorsitzende, Herr Birnbaum war der erste Vorsitzende der jüdischen Gemeinde. Ich weiß noch, dass Herr Birnbaum mich später immer »Schwester Edith« nannte, egal wie oft ich ihn korrigierte und erklärte, ich wäre keine Schwester. Er sagte nur: »Für mich sind und bleiben sie die Schwester Edith.«

Oberrabbiner Asaria fragte mich: »Was haben sie über das Judentum gelernt?« Ich erwiderte ohne Umschweife: »Ich muss Ihnen sagen, ich weiß gar nichts. Ich kenne nur die katholische Religion, aber ich interessiere mich natürlich für das Judentum. Ich möchte auch irgendwann einen jüdischen Mann heiraten. Sie können ja eine Israelin einstellen, die die Feste kennt. Von ihr und von Ihnen kann ich doch alles lernen.« Herr Asaria war glücklicherweise bereit, es einfach mit mir zu versuchen. Und er war dann auch sehr zufrieden mit meiner Arbeit. Ich besuchte im Laufe der nächsten Jahre zahlreiche jüdische Seminare und lernte dabei auch Kindergärtnerinnen anderer jüdischen Gemeinden kennen.

Herr Kessler war Stadtverordneter, deshalb wurden oft Würdenträger der Stadt zu Festlichkeiten in der Gemeinde eingeladen. Auch der damalige Oberbürgermeister Burauen erschien häufig zu den Feiern, die ich mit meinen Kindergartenkindern veranstaltete. In den ersten Jahren meiner Zeit in Köln wohnte ich im jüdischen Altenheim. Ruth Löwenhaupt war damals die Leiterin. Ich freundete mich sehr mit ihr an. Auch sie brachte mir vieles über das Judentum bei und über die Literatur. Später heiratete sie Willi Unger.[66] Die beiden nahmen mich zu allen möglichen kulturellen Ereignissen mit. Ruth starb leider recht jung, aber mit Willi Unger war ich noch bis zu seinem Tod in den 80er Jahren befreundet.

Meine Aufgabe in der jüdischen Gemeinde Köln schloss auch die Jugendarbeit mit ein. So leitete ich sowohl in Düsseldorf als auch in Köln die Jugendgruppe. Bevor die Gemeinde Köln sich entschloss, das Ferienheim Sobernheim zu kaufen, um für die Freizeitgestaltung jüdischer Kinder und Jugendlicher zu sorgen, veranstalteten wir im Sommer 1956 mit der Jugendgruppe ein Ferienangebot im Odenwald. Das Ehepaar Simons übernahm die Leitung und meine Kollegin Waltraud Kröll und ich unterstützten sie. Wir organisierten dort sehr gute Freizeitangebote, wanderten und trieben mit den Kindern viel Sport. Abends gingen Waltraud und ich zum Tanz.

Während des Aufenthalts im Odenwald lernte ich auch Jakob kennen, der aus Jugoslawien kam und Lehrlingsausbilder in Freudenberg war. Er bot Marcel und Michael, den ältesten Jungen meiner Gruppe, an, gemeinsam mit seinen Lehrlingen Sport zu treiben. Die beiden waren davon natürlich begeistert. »An Pünktchen im roten Dirndlkleid«, so schrieb Jakob mir, als er mich bat, mit ihm tanzen zu gehen. »Pünktchen« war sein Spitzname für mich. Ich verbrachte ein paar sehr schöne Tanzabende mit ihm und war sehr von ihm angetan. Doch dann entdeckte ich plötzlich einen Ring an seinem Finger und mir wurde klar, dass er verlobt war. Er sagte, er hätte den Ring die ganze Zeit getragen, aber mir fiel er erst nach einigen Tagen auf. Daraufhin wollte ich ihn nicht mehr sehen. Er schrieb mir gleich am folgenden Tag einen Brief, in dem er sich bemühte, sich zu erklären:

*Du mußt mir bitte verzeihen, wenn ich so zu dir spreche und ich es wage dir zu schreiben. Ich muß es tun, denn so vieles bewegt mich, so vieles blieb unausgesprochen. Ich hätte dir alles gerne erspart, hätte ich gewußt, wie es ausgehen könnte. Wir beide konnten nicht ahnen, daß wir uns soviel geben können. Du, es ist wirklich schwer. Schau, ich wollte dir nicht wehe tun. Nein, im Gegenteil, ich wollte dir irgendwie näher kommen, um dir vielleicht zu helfen. Schau, es wäre gemein gewesen, hätte ich den Ring vom Ringfinger genommen u. in die Tasche gesteckt. Ich spürte sofort, als du den Ring gesehen hattest, der Glanz deiner Augen war ein ganz klein wenig getrübt, und dein Blick war traurig.*

Wir blieben noch einige Monate in Kontakt und Jakob, oder »Punkt«, wie er sich gerne nannte, bekundete mir in seinen Briefen seine Liebe, aber obwohl ich ihn sehr mochte, kam ich nicht über die anfängliche Enttäuschung hinweg.

Als ich Jakob nach vielen Jahren wiedertraf, erzählte er mir, er hätte damals angeregt und beeinflusst durch mich noch das Abitur nachgemacht, hätte zunächst Theologie studiert und schließlich einen Volkswirtschaftsabschluss gemacht.

*Mit Ernst Simons und jüdischen Kindern während
der Ferienfreizeit im Odenwald.*

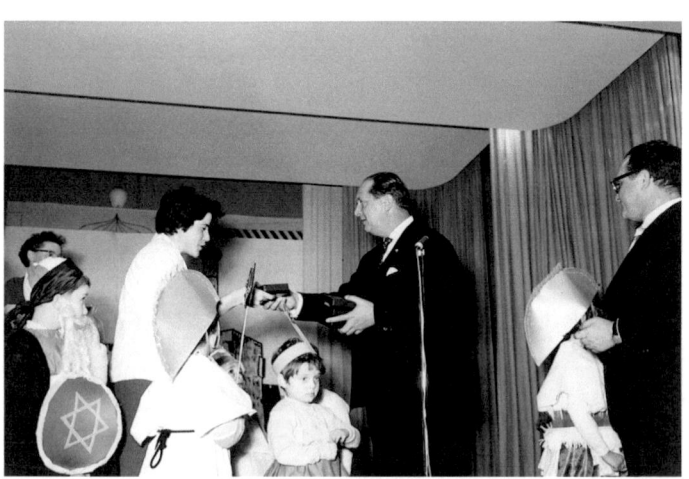

*Als Leiterin des jüdischen Kindergartens in Köln bei einem unserer Feste mit
dem Kölner Oberbürgermeister Burauen.*

## Suche jüdischen Mann

Bei einer erneuten Kur in Bad Reichenhall im Frühjahr 1957 lernte ich Richard kennen. Er litt damals an Bronchitis und war wie ich ein Patient von Dr. Prestele. Richard war Anfang der 50er Jahre nach Australien ausgewandert, aber einige Jahre später wieder nach Deutschland zurückgekehrt. Doch er konnte hier nicht mehr recht Fuß fassen und wollte mit mir wieder nach Australien zurück. Aber ich konnte mir nicht vorstellen, meine Eltern in Deutschland zurückzulassen, und mit mir ausgewandert wären sie nicht. Außerdem war Richard nicht jüdisch, was wohl das größte Hindernis für mich war. Er war damals sehr enttäuscht, aber als ich kürzlich nach vielen Jahren wieder Kontakt mit ihm aufnahm, hatte er nur Gutes über unsere damalige Zeit zu berichten und war, nun 83-jährig, sehr gerührt nach all den Jahren noch ein Mal von mir zu hören.

Während ich im jüdischen Altenheim in Köln-Sülz wohnte, setzte sich eines Abends zum Erstaunen der älteren Leute ein junger Mann neben mich an den Esstisch. Er hieß Joseph und kam aus Antwerpen. Er war als Soldat nach Köln beordert worden. Da er sehr religiös war, kam er ins Altenheim, um dort koscher zu essen, wie er es von zuhause gewohnt war. »Was soll ich bei den Alten sitzen, wo doch ein junges Mädel da ist?«, sagte er frech, als er neben mir Platz nahm. Es wurde zunächst eifrig geflüstert, aber bald beruhigten sich die Alten wieder. Jeden Freitagabend und Samstagmorgen kam Joseph nun zum Gottesdienst ins Altersheim, denn der Fußweg zur Kölner Synagoge war zu weit. Und wenn Joseph frei hatte, verbrachten wir gemeinsam schöne Stunden. Er sagte immer zu mir: »Du machst mich närrisch.« Und so war es wohl auch, ich denke, er war sehr in mich verliebt.

Eines Tages fuhren wir am Wochenende nach Weeze, damit meine Eltern Joseph mal kennenlernen konnten. Weil er seine Kippah, die jüdische Kopfbedeckung, vergessen hatte, trug Joseph den ganzen Tag seinen Hut, selbst im Haus. Meine Eltern und ich fanden das recht lustig. Vater sagte immer wieder: »Ziehen Sie den doch aus.« Aber Joseph verneinte. Dann schaltete ich das Licht in einem Zimmer an, und Joseph machte mich entsetzt darauf aufmerksam, dass sich das am Schabbat, es war ja Samstag, nicht gehörte. Vor Schrecken schaltete ich das Licht schnell wieder aus, was die Sache für Joseph noch schlimmer machte: »Hättest du es doch angelassen, das darfst du doch nicht!«

Schließlich sagte Joseph mir, er möge meinen Vater nicht, weil er sich die ganze Zeit über seine Religiosität lustig mache. Das machte mich sehr traurig, denn ich liebte doch meinen Vater über alles in der Welt. Ich verbrachte noch einige Zeit mit Joseph, reiste sogar nach Belgien, um seine Familie kennenzulernen, aber schließlich wurde mir klar, dass wir einfach nicht zueinander passten. Er heiratete später eine fromme Frau und bekam mit ihr zahlreiche Kinder.

Ich wollte immer einen Juden heiraten, schon als junges Mädchen war mir das klar. Als junge Frau war es mir darüber hinaus wichtig, einen Menschen zu finden, der so ein ähnliches Schicksal hinter sich hatte wie ich und dem ich helfen konnte. In meiner Jugendgruppe traf ich auf Adi, der kurze Zeit zuvor aus Israel in seine Heimatstadt Köln zurückgekehrt war, nachdem er durch den Holocaust Eltern und Geschwister verloren hatte. Adi selbst war als Kind in Belgien versteckt gewesen und hatte so überlebt. Er arbeitete damals bei einem jüdischen Metzger in Köln und brachte Fleischlieferungen in das Altenheim, in dem ich wohnte. Oft kümmerte er sich auch um die Kinder der Metzgerfamilie. Es war Ruth Löwenhaupt die mich auf Adi aufmerksam machte, als sie sagte:»Ist dir aufgefallen, wie adrett dieser junge Mann immer erscheint, immer im frisch gebügelten Hemd, adrett vom Kopf bis zur Sohle? Und immer freundlich und korrekt.« Eines Tages kam er wieder einmal ins Altenheim und fragte mich, ob ich ihn bei einem Spaziergang mit den Kindern im nahegelegenen Park begleiten wollte.

Ruth fiel dann auch bald auf, dass Adi mir nicht gleichgültig war und ich immer mehr Zeit mit ihm verbrachte. Überrascht kommentierte sie dies:»So habe ich das nicht gemeint, du braucht ihn doch nicht gleich zu lieben.«

Gerade weil Adi mich im Gegensatz zu meinen früheren Verehrern gar nicht drängte, interessierte ich mich für ihn. Er lernte meine Eltern kennen, die ihm gleich sehr zugetan waren. Besonders meine Mutter schloss Adi sehr in ihr Herz. Für mich war er die erste große Liebe, und wir verbrachten eine unbeschwerte Zeit und verreisten gemeinsam. Im Frühjahr 1958 verlobten wir uns.

### Abschied von Vater

Vater übernahm sich trotz seiner Krankheit jahrelang, was natürlich auf Dauer nicht gut gehen konnte. Er war außerdem ein starker Raucher und wollte das Rauchen

*Frisch verliebt mit Adi.*

*In trauter Runde, mit meinen Eltern, Reinhard Küsters und Vaters Fahrer.*

nicht aufgeben. Er nahm die mit seiner Angina Pectoris verbundenen Schmerzen hin und auch, dass er ein paar Jahre eher sterben würde. »Dann hat die Qual ein Ende«, pflegte er zu sagen.

Er war ein schwerer Mann und mit dem Holzbein ging es nur sehr langsam und bedächtig vorwärts. Irgendwann konnte er nicht mehr gut laufen und konnte sich nur aus dem Fenster blickend das Treiben in der Welt anschauen. Dazu sagte er gerne spaßig: »Die hinter den Gardinen steh'n zu spinksen, das sind die schlechtesten Menschen.« So nahm er sich selbst immer auf den Arm. Im Sommer machte Vater oft zusätzlich seine Prothese zu schaffen, denn das Bein war mit einem Teil der Hüfte amputiert.

Heute bedauere ich, dass ich nicht öfter Vaters »einen Fuß«, wie er ihn nannte, pflegte und entschwielte oder ihm die Nagelpediküre machte. Doch es war mir damals eklig, obschon er ein so gepflegter Mann war. Er wusch sich nur mit klarem, kaltem Wasser. »Das ist das Natürlichste«, erklärte er. Er besuchte zur Fußpflege gerne und oft die junge Schwester Humulata im Krankenhaus, die er neckend Schwester »Marmelata« nannte.

Viel Zeit verbrachte Vater weiterhin mit Reinhard Küsters. Als wir einen Fernseher kriegten, kam Reinhard oft zu meinen Eltern herüber, um sich die Sendungen anzuschauen. Und Vater neckte ihn dann gerne, wenn es Tänzerinnen zu sehen gab: »Beine, Reinhard, Beine!« Und Reinhard erwiderte verlegen: »Max, hör auf!«

Auch mich neckte Vater gerne. Um mich auf seinen Tod vorzubereiten, legte er sich manchmal auf unser

Sofa und sagte dann lachend zu mir:»Dittchen, guck mal, so werde ich daliegen, wenn ich tot bin.« Wenn ich dann schockiert rief:»Och, Vater!«, entgegnete er gerne, indem er mich nachahmte:»Och, Vater!« Dabei lachte er und setzte hinzu:»Das ist das Natürlichste auf der Welt. Alle Menschen müssen mal sterben.«

Bei Vater war oft die ganze Nachbarschaft versammelt. Er war sehr lustig und machte gerne Witze und lachte oft auch über sich selbst. Vater war auch sehr kinderlieb und führte oft mit Kindern von unserer Straße oder Schülern der Volksschule, die unserem Haus gegenüber war, über ihre Freuden und Nöte Gespräche.

Mit Mutter hatte er ein schwieriges Verhältnis. Sie kam einfach von ihrer bösen Vergangenheit nicht los. Sie weinte Tag und Nacht, und wenn sie in Gesellschaft war, dann erlaubte sie es sich nicht, lustig zu sein und verdarb damit die fröhliche Stimmung der anderen. Vater pflegte zu sagen:»Jule, wenn du um mich zu weinen hast, dann tu es zu Lebzeiten, sonst muss ich auf mein Grab schreiben: ›Weib, weine nicht am Grabe hier, sonst steh ich auf und zank mit dir!‹« Ich glaube, er liebte sie schon, konnte es nur nicht zeigen. Mutter war das glatte Gegenteil und auf Äußerlichkeiten bedacht.

Für ihre Zweisamkeit, für sich selbst, hatten und nahmen sich meine Eltern nie Zeit. Nur ein Mal, es war das erste und letzte Mal, begaben Vater und Mutter sich mit Vaters Chauffeur Jupp Terhoeven und mit der Mutter meiner Freundin Marianne als dem ruhenden Pol auf eine Reise nach Wien. Für Vater war dies sehr anstrengend, und noch dazu bedrängte ihn Mutter sehr, gemeinsam mit ihr die Stadt zu erkunden und den Prater zu besuchen. Auf der Rückfahrt unterbrachen sie die Reise für einige Tage in Bischofswiesen im Berchtesgadener Land, wo ich sie mit Adi vom wenige Kilometer entfernten Bad Reichenhall aus besuchte. Dort sagte Vater, als er von der Wirtin nach seiner Heimatadresse gefragt wurde: »Schreibt mal, ›Max, Weeze‹. Das kommt an.« Und so war es auch. Den Kartengruß von ihr erhielten sie.

Vater war am Ende der Reise sehr erschöpft. Meine Begegnung mit ihm in Bischofswiesen sollte das letzte Mal sein, dass ich ihn lebend sah. Adi und ich fuhren von dort nach Bad Reichenhall zurück, wo ich meine Kur fortsetzen wollte. Wir machten noch einen schönen Ausflug nach Pullach mit einer Übernachtung in der Jugendherberge. Ich wollte am liebsten, so reisefreudig wie ich damals war, meine Kur unterbrechen, um mit Adi mit einem Griechen, der uns anbot, uns mitzunehmen, nach Athen zu reisen, und erst danach die Kur fortzusetzen. Doch Adi gefiel die Idee nicht, und so nahmen wir das Angebot nicht an. Wir waren übermütig, sorglos, froh und ausgelassen. In der Jugendherberge in Pullach hatte ich dann plötzlich schreckliche Kopfschmerzen. Wieder in Bad Reichenhall angekommen, fanden wir ein kleines Zettelchen von Dr. Prestele vor:

*Nach Ihrer Rückkehr bitte ich dringend um Ihren Anruf! (auch zu später Stunde)*

Als ich mich bei ihm meldete, erfuhren wir, dass mein geliebter Vater gestorben war. Auf der Rückfahrt mit dem Zug weinte ich die ganze Nacht. Mir war, als hätte ich den Boden unter meinen Füßen verloren. Ein Leben, das so wertvoll gewesen war, war beendet.

*Letztes Wiedersehen mit Vater in Bischofswiesen.*

Heute morgen 8,00 Uhr verschied plötzlich und unerwartet mein geliebter Mann und mein herzensguter Vater, unser lieber Bruder, Schwager, Onkel, Großonkel und Vetter

### Herrn Max Devries

im 69. Lebensjahr. Sein ganzes Leben war Liebe und Sorge für die Seinen.

In tiefer Trauer

**Julie Devries, geb. Hartoch**
**Edith Devries**

W E E Z E, Melbourne (Australien), Forestville (Californien), New York (USA), Brüssel (Belgien), Luxembourg, Los Angeles (Californien), den 3. Juni 1958.

Die Beerdigung findet statt am Freitag, dem 6. Juni 1958, morgens 8.00 Uhr vom Trauerhaus Kardinal-Galen-Straße 19, aus. Die Beisetzung ist am gleichen Tage, mittags 12 Uhr, auf dem jüdischen Friedhof in Geldern.

Von Beileidsbesuchen und Kranzspenden bitten wir Abstand zu nehmen.

Faksa-Druck und Verlag

*Vaters Todesanzeige vom 3. Juni 1958.*

In unserer Trauer standen Mutter und mir meine lieben, treuen Freundinnen bei. Sie kümmerten sich bereits während meiner Rückfahrt um die Anzeige in der Zeitung und organisierten die Trauerfeier. Mutter hätte das nicht geschafft. Pastor Mütter schickte Mutter einen Tag nach Vaters Tod eine wunderschöne Beileidsbekundung:

*Zu dem schmerzlichen Verlust, der Sie durch das unerwartete Dahinscheiden Ihres Mannes betroffen hat, spreche ich Ihnen und den Ihrigen mein inniges Beileid aus. Mit dem lieben Verstorbenen ist ein aufrechter Charakter und geschätzter Weezer Mitbürger von uns gegangen. Er hat nicht Böses mit Bösem vergolten, sondern mit Güte erwidert. Diese edle Gesinnung sichert ihm bei sehr vielen ein dankbares und ehrenvolles Gedenken. Möge Gott der Herr Sie trösten, in aufrichtiger Teilnahme.*

Von Dr. Prestele traf wenige Tage später ein Brief ein, in dem er mir Mut machte:

*Sie dürfen daran glauben, daß Ihr Vater geistig bei Ihnen weilt und Ihnen und Ihrer Frau Mutter beisteht. Sie haben soviel gute Anlagen von Ihren Eltern und soviel Stärke von Ihrem Vater ererbt, daß Sie jetzt die Kraft haben, die Sie brauchen. Wenn ich etwas für Sie tun oder raten kann, so schreiben Sie bitte.*

Auch Freiherr von Vittinghoff-Schell,[67] der damals Bürgermeister von Weeze war, und sein Vorgänger, Herr Heitmeyer, schrieben uns sehr nette Kondolenzbriefe.

Vaters große Liebe hatte den Pferden gegolten, und so war es sein Wunsch, mit einer Dokka und zwei Pferden zur letzten Ruhe gefahren zu werden. Am 8. Juni 1958 macht sich die Beerdigungsprozession auf den Weg. Freiherr von Vittinghoff-Schell, Graf von Loe und Graf zu Eulenburg und Hertefeld, einige Verwandte und viele Freunde begleiteten Vater bis Schloss

Wissen auf seinem letzten Weg. Dann fuhr er alleine weiter. Auf dem jüdischen Friedhof in Geldern trafen dann alle wieder zusammen, und seine Kameraden und der Musikverein verabschiedeten ihn mit dem Lied »Ich hatt' einen Kameraden, einen bessern findst du nit«. Auch ich habe nie mehr etwas Besseres, Edleres und Liebevolleres im Leben erlebt.

Zum ehemaligen Bürgermeister Heitmeyer blieb unser Verhältnis auch nach Vaters Tod recht herzlich. Dies kommt gut in einem Brief zum Ausdruck, den er Mutter schrieb, als sie ein paar Jahre später nach Amerika reiste, um ihren überlebenden Bruder Sally und Vaters Verwandte zu besuchen:

*Wir freuen uns sehr mit Ihnen, daß Sie bei Ihren lieben Verwandten so gastlich aufgenommen worden sind und eine Ihnen von allen gewünschte - aber nie gutzumachende Entschädigung verspüren für die gar nicht zu beschreibenden schrecklichen Jahre, die Sie durchgemacht haben. Es war doch sozusagen ein Wunder, daß Sie mit Ihrem lieben Mann und Ihrer so guten Tochter der Hölle entrinnen konnten. Sie waren dann trotz allem für viele ein Segen geworden durch Ihre Großzügigkeit, sich nicht rächen zu wollen. Grüßen Sie bitte alle Ihre Lieben dort, wir danken für die Liebe, die Sie dort erfahren.*

Und noch im April 1969 beendete er eine Grußkarte an Mutter mit den Worten »Ihr alter Mitkämpfer in leidvollen Tagen und Jahren.«

# VERSTREUT IN ALLE WINDE

## Vaters Verwandte

Viele unserer Verwandten und jüdischen Bekannten
überlebten den Holocaust nicht. Andere flohen und
bauten sich im Ausland eine neue Existenz auf. Doch
die Verbindung zu ihnen blieb über die kommenden
Jahrzehnte erhalten. Ich besuchte die meisten von ihnen
als Jugendliche und Erwachsene. Der Zusammenhalt in
der Verwandtschaft ist bis heute besonders stark.

### *Ludwig und seine Familie mit Lene*

Wie ich bereits erwähnte, entschied sich Vaters Bruder
Ludwig 1939, mit seiner Frau Jenny, den Söhnen Albert
und Horst und der unverheirateten Schwester Lene zu
fliehen. Sie gelangten auf das letzte Schiff, das Deutschland verlassen konnte. Sie wollten eigentlich nach Amerika auswandern, kamen aber zunächst nur bis nach
Haiti.

Auf Haiti und später in der Dominikanischen Re-
publik, wo sie die Kriegsjahre verbrachten, litten Ludwigs Familie und Lene sehr unter der starken Hitze.
Nach dem Krieg zogen sie daher weiter nach Amerika,
wo sie in Forestville in Kalifornien eine Rinderfarm
gründeten.[68] Onkel Ludwig hatte mehr als 200 Milch-
kühe und ging im Viehhandel und in der Landwirtschaft auf. Seine Söhne Albert und Horst, der sich nun
George nannte, heirateten und bekamen Kinder. George betreibt noch heute in Kalifornien eine Schreinerei.
Durch seine Söhne bleibt der Name Devries weit fort
von der Heimat erhalten.

Die nun amerikanische Familie Devries hatte immer
große Sehnsucht nach Weeze. Doch sie zog es nie in

*Onkel Ludwig mit Horsts (Georges) Söhnen auf seiner Farm in Kalifornien.*

*Tante Lene mit einem Enkel von Onkel Ludwig in Kalifornien.*

Betracht, nach dem Krieg nach Deutschland zurückzukehren. George erzählte mir, dass sein Vater immer mit Heimweh und zugleich Schmerz an Weeze dachte. »Mich ruft die Heimat«, hätte er oft gesagt. George selbst besuchte Weeze nach dem Krieg nur ein Mal, nämlich 2002 zur Enthüllung des Weezer Denkmals. Die ganze Familie blieb an Weeze interessiert und las sogar das »Weezer Blättchen« mit großem Interesse. Auch standen sie jahrelang in ständigem Briefkontakt mit Lenes Freundin Frau Schless und waren glücklich über einen Besuch von deren Tochter. Sie freuten sich sehr, Menschen aus der Heimat zu sehen.

So wie mein Vater starben auch Ludwig und Lene relativ früh. Ludwig verstarb 1957 im Alter von 65 Jahren. Vater hatte sehr gehofft, seine Geschwister noch mal zu sehen. Als Ludwig starb, war er sehr traurig und sagte resigniert: »Aus der Traum.« Vaters Augen tränten oft bei Kälte und wurden ganz rot, aber ich hatte ihn noch nie aus Leid weinen sehen, wie er es nach Ludwigs Tod tat. Auch Lene starb drei Jahre nach Ludwig und zwei Jahre nach Vater mit nur 64 Jahren. Albert starb 1990 im Alter von 68 Jahren.

*Frieda und ihre Familie*

Als sich Ludwig und die anderen nach Amerika aufmachten, wollten sich Frieda und ihr Mann, Adolf de Jong, ihnen mit ihrer Familie anschließen. Adolf war bereits im November 1938 nach Holland geflohen, und Frieda hatte die drei Kinder kurz darauf nachgeschickt. Sie selbst verließ Deutschland einige Zeit später und wartete lange in Spanien auf ihre Familie.

Doch Friedas Mann und ihre Kinder erhielten keine Ausreise mehr aus Holland, und Frieda musste schließlich ohne sie abreisen.[69] Ihrer Tochter Marga gelang es sich zu verstecken, aber ihr Vater und beide Geschwister wurden von den Nazis deportiert und umgebracht.[70] Frieda gelangte nach San Domingo, wo auch Ludwig und seine Familie schließlich eintrafen. Dort wartete sie jahrelang auf ein Lebenszeichen von Mann und Kindern. Erst nach dem Krieg erhielt sie eine Nachricht ihrer Tochter Marga, die Ende der 40er Jahre mit ihrem polnischen Mann Mischa Szwarcbard, den sie in Enschede kennengelernt hatte, von Holland nach Australien ausgewandert war. Sie hatte uns gleich nach dem Krieg noch ein Mal kurz in Weeze besucht. Auch Frieda wanderte daraufhin 1950 dorthin aus und erlebte noch, bevor sie 1964 mit 75 Jahren starb, die frühe Kindheit ihres Enkels Geoffrey.[71]

Marga verstarb im Oktober 2007 in einem jüdischen Altersheim in Melbourne. Sie besuchte mich nach ihrer Auswanderung noch zwei Mal in Deutschland. Ein Mal wurde sie von der Stadt Ahaus eingeladen und sah Freunde wieder, mit denen sie auch von Australien aus weiterhin Kontakt gehalten hatte.

### Mutters Verwandte

*Rosalie und ihre Familie*

Nach Angaben meiner Cousine Hilde kamen meine Tante Rosalie, ihr Mann Joseph Bonem und ihr Sohn Walter 1944 um. Leider konnten wir bis heute keine näheren Informationen zu ihrem genauen Schicksal finden. Tante Bertas Sohn Walter meinte sich daran

*Tante Friedas Tochter Marga nach Kriegsende mit zwei Töchtern der nieder-
ländischen Familie, bei der sie drei Jahre lang versteckt war.*

*Tante Frieda in Australien mit ihrem Enkel Geoffrey.*

erinnern zu können, dass Rosalie ebenfalls nach Theresienstadt deportiert worden war.

## *Jettchen und ihre Familie*

Auch über Mutters Halbschwester Jettchen und ihr Schicksal ist uns nichts bekannt. Sie hatte ja einen nichtjüdischen Mann geheiratet und mit ihm zwei Söhne bekommen. Klar ist nur, dass sie die Nazizeit nicht überlebte, aber ich weiß nicht, wie Mutter davon erfuhr. Leider wissen wir auch nicht, wie ihr Mann hieß, sonst ließe sich vielleicht noch das eine oder andere über ihre Familie herausfinden.

## *Sigmunds Familie*

Von Sigmunds Familie überlebte nur seine Frau Julie, die nach dem Krieg noch bis ins hohe Alter in Luxemburg lebte. Ich besuchte sie 1957 noch mit meinem Verlobten Adi. Über ihre Töchter Berthe und Alice haben wir herausgefunden, dass sie zunächst ins Ghetto Lodz deportiert wurden und später von dort aus ins Vernichtungslager Chelmno (Kulmhof) weitertransportiert wurden. Auch Berthes Tochter Edith kam dort um, nachdem die ältere Tochter Margot bereits im Ghetto gestorben war.[72]

## *Selmas Familie*

Selmas Tochter Palmyre war die einzige Überlebende ihrer Familie. Sie war 1939 mit ihrem Mann Innocente von Luxemburg nach Italien geflohen, wo sie den Krieg überlebten. Später erzählte sie, wie ihr Sohn Sergio uns mitteilte, dass der Rest der Familie sich geweigert hatte, sie zu begleiten, weil ihr immer noch nicht verziehen worden war, dass sie einen Katholiken geheiratet hatte.

Palmyres Schwestern Erna und Bertha sowie Berthas Mann Leo und ihre Tochter Sonja wurden im Oktober 1941 mit demselben Transport wie Sigmunds Töchter und Enkelinnen ins Ghetto Lodz deportiert. Auch sie überlebten nicht.[73] Eine Woche vor der Deportation ihrer Töchter schrieb Tante Selma an Onkel Sally, der sich bereits, wie ich noch berichten werde, in Amerika befand:

*Meine Lieben Alle!*
*Da ich schon sehr lange auf eine Nachricht von Euch meine Lieben warte muß ich doch noch mal anfragen wie es Euch geht. Ganz besonders Dir, l. Sally mit Deiner Krankheit? Ich hoffe auch, daß Du wieder ganz hergestellt bist und Ihr Lieben alle bei bester Gesundheit seid. Was hast Du l. Anny für eine Beschäftigung jetzt? und was machst Du l. Sally jetzt? Ich denke daß das Anstreichen nicht von Vorteil für Dich sein kann. Was machen Euere Eltern u.d.l. Kurtchen? Sind Fam. Bravmann jetzt auch drüben? Wir sind G.s.D. bis jetzt noch alle beisammen aber leider werde ich mich wohl nächste Woche von meinen lieben Kindern und Enkelkindchen trennen müssen, da selbige nach dem Osten ziehen werden. Was das für mich ist könnt Ihr Euch wohl vorstellen ich bin bald der Verzweiflung nahe. Auch ich werde dann hier nicht bleiben können und weiß noch nicht wohin ich gehe. Ihr könnt noch an umstehende Adr schreiben. Hoffe also alles Gute für Euch alle u. seid für heute noch vieltausendmal gegrüßt und geküsst von Eurer Selma*[74]

Tante Selma starb in Theresienstadt, wie ich bereits berichtete. Ihr Mann, Max Kahn, war bereits Ende der 30er Jahr verstorben und war diesem Schicksal dadurch entronnen. Nach dem Krieg war Palmyre selbstverständlich erschüttert über den Tod ihrer Schwestern und ihrer Mutter. Sie sprach nur selten von ihnen, so dass ihr Sohn bis heute nur sehr wenig über seine Großeltern und Tanten weiß. Mutter versuchte Palmyre zu trösten, indem sie die Umstände von Selmas Tod verharmloste: »Du kannst froh sein, Palmyre. Die anderen sind ja alle umgebracht worden, aber deine Mutter, die hat es gut gehabt, da waren wir dabei. Du kannst zufrieden sein, denn wir haben gesehen, dass deine Mama selig eingeschlafen ist.«

Palmyre und Innocente kehrten nach den Krieg nach Luxemburg zurück, wo sie ihren Sohn Sergio aufzogen. Als Erwachsener zog er zurück nach Italien.

## Emma und ihre Familie

Wie wir heute wissen, wurde Tante Emma im Juli 1942 mit demselben Transport wie wir nach Theresienstadt deportiert. Bereits im September 1942 gelangte sie in einen Weitertransport nach Treblinka und wurde nie wieder gesehen. Emmas Sohn Heinz und ihre Tochter Betty überlebten den Krieg.[75] Das Schicksal von Emmas geschiedenem Mann Oskar Hartoch ist mir leider nicht bekannt.[76]

Heinz trennte sich nach Angaben meines Vetters Walter während der Kriegszeit von seiner Frau Irma, nachdem diese in dem Konzentrationslager, in dem sie in Frankreich interniert war, einen anderen Mann kennengelernt hatte. Er überlebte die Nazizeit in Belgien gemeinsam mit anderen Verwandten, wie ich noch erläutern werde. Nach dem Krieg ließen sich Heinz und Irma scheiden. Seine Schwester Betty lebte nach dem Krieg wieder in Aachen, nachdem sie dort eine gute Stelle bei der Militärregierung fand. Bettys erster Mann Erich war, wie mein Vetter Walter berichtete, von den Nazis in Frankreich aufgegriffen und deportiert worden. Er überlebte nicht.

Familientreffen nach dem Krieg. Unsere Brüsseler Verwandten, Tante Emmas Enkelin Marion (Tochter von Betty), Tante Bertas Sohn Walter, Tante Emmas Sohn Heinz, Onkel Julius' Witwe Frieda, ihr Sohn Hans, ihre Tochter Inge sowie aus Luxemburg Innocente und Tante Selmas Tochter Palmyre mit ihrem Sohn Sergio.

169

*Adeles Familie*

Meine Cousine Hilde Cahn lernte 1931 wenige Wochen nach dem Tod ihrer Mutter den Engländer Bob Homer kennen. Um Deutschland verlassen zu können, heiratete sie ihn 1933 in Königswinter und zog sogleich mit ihm nach England.[77] Sie bekamen zwei Söhne.

Hildes Vater Albert verließ Deutschland 1939 mit ihrer Unterstützung gemeinsam mit seiner unverheirateten Schwester Rosa, nachdem sogar der Bürgermeister von Königswinter ihm dies dringend nahegelegt hatte.[78] In England verbrachten Albert und Rosa ihren Lebensabend und genossen es, Zeit mit Hildes Familie zu verbringen.[79]

Hildes Bruder, Heinz Cahn, wurde im November 1938, wie viele andere jüdische Männer, verhaftet und im Konzentrationslager Buchenwald gefangen gehalten und gefoltert. Durch Hildes Einsatz wurde er entlassen und konnte Deutschland mit einem Ausreisevisum nach England verlassen, von wo aus er bald darauf nach Amerika gelangte.

In den USA wurde er ins Militär eingezogen und kehrte als amerikanischer Soldat nach Europa zurück und besuchte uns sogar, wie ich bereits erwähnte, nach unserer Befreiung in Theresienstadt.[80]

*Bertas Familie*

Auch Berta und ihr Mann Alex Levy wurden, wie wir erfahren haben, im Juli 1942 mit demselben Transport wie wir nach Theresienstadt deportiert. Von dort aus transportierten die Nazis sie zwei Monate später weiter nach Treblinka, wo sie umkamen.[81]

*Tante Adeles Tochter Hilde und ihr Mann Bob vor ihrem Haus in England.*

*Zu Besuch bei meiner Cousine Hilde in England.*

*Mutter während ihres Besuchs in Amerika nach Vaters Tod mit Tante Adeles Sohn Heinz (Henry) und seiner Frau Senta.*

Bertas Sohn Walter befand sich seit Ende der 30er Jahre in Belgien. Er hatte seine Eltern nicht davon überzeugen können, mit ihm das Land zu verlassen. Es gelang ihm, gemeinsam mit anderen Verwandten auf dem Land, in den Ardennen, Unterschlupf zu finden. Im April 1946 erhielten wir durch Walter das erste Lebenszeichen unserer Verwandten, die nach Belgien geflohen waren:

*Meine Lieben!*
*Soeben erfahre ich, dass die Post mit Deutschland wiederhergestellt ist und soll jetzt meine erstes sein, Euch meine Lieben ein paar Zeilen zukommen zu lassen. Zunächst von ganzem Herzen meine innigsten Glückwünsche zu Euerer Errettung. Es ist dies wirklich ein Wunder. Ihr könnt Euch nicht vorstellen wie ich mich freute, als ich diese herrliche Nachricht vor ungefähr einem halben Jahre erfuhr. Meine Lieben, was müsst Ihr alles durchgemacht haben! Wie lange wart Ihr, meine Lieben, mit meinen armen Eltern zusammen? Wart Ihr dabei als sie starben? Schreibt mir bitte alles was Ihr hierüber wisst und verschweigt mir nichts, denn ich will wissen, was diese Naziverbrecher mit meinem Liebsten angefangen haben. Seit wann seid Ihr wieder in W. zurück? Der 1. Heinz aus K. war mit der amerikanischen Armee im vergangenen Sommer in W.*
*Wir selbst haben hier großes Glück gehabt, den Deutschen nicht in die Hände gefallen zu sein. Wir lebten alle versteckt auf dem Lande, nur der arme Erich wurde in Frankreich von den Nazis geschnappt und kam im Konzentrationslager um. Wenn auch für uns die vergangenen Jahr sehr hart waren, so ist dies doch kein Vergleich zu dem, war Ihr mitgemacht habt, drei Jahre auf Verderb oder Gedeih diesen Verbrechern ausgeliefert. Ich hoffe, dass Ihr jetzt dementsprechend behandelt werdet, denn die Schuld des ganzen deutschen Volkes ist ungeheuer. Meine armen Eltern gehen mir nicht aus dem Kopf.*
*Seit der Befreiung im September 44 arbeite ich wieder in der gleichen Firma, wo ich war ehe ich mich verstecken musste. Während*

*all dieser Jahre sorgte mein Chef für meinen vollkommenen Le-*
*bensunterhalt und Ihr könnt glauben, das war bei den In-*
*flationspreisen die hier herrschten wirklich allerhand.*
*Es war mein*
*großes Glück, diesen Mann kennen gelernt zu haben, denn ohne*
*ihn wäre ich zweifelsohne den Deutschen in die Hände gefallen.*
*Habt Ihr genug zu essen, meine Lieben. Wenn es irgendwie einen*
*Weg gibt, wie ich Euch helfen kann, lasst es mich umgehend und*
*ohne Zögern wissen. Sind in W. Soldaten, die vielleicht schonmal*
*nach Brüssel in Urlaub fahren. Dann gebt ihnen meine Adresse.*
*Für heute will ich nicht mehr schreiben, damit der Brief schnell*
*ankommt. Lasst bitte umgehend von Euch hören, mit der gewöhn-*
*lichen Post. Schreibt mir, wie es jedem einzelnen von Euch geht und*
*vor allen Dingen, was ich für Euch tun kann.*
*Indem ich Euch tausendmal innigst umarme, seid Ihr alle drei*
*vielmals gegrüsst von Euerem Euch liebenden*
*Walter*[82]

Nach dem Krieg kehrte Walter nur ein einziges Mal an
seinen Geburtsort Waldniel zurück. Noch bevor er jedoch im Ort ankam, überkam ihn ein so unangenehmes
Gefühl, dass er sich entschloss umzukehren. Er unternahm nie wieder einen Versuch, einen Fuß in seinen
Heimatort zu setzen. Walter verstarb im April 2008 in
Brüssel.

*Sally und seine Familie*

Von den ehemals zehn Geschwistern meiner Mutter
war Onkel Sally der einzige, der nach dem Krieg noch
lebte. Wie Vater ein stolzer Soldat des Ersten Weltkriegs, hatte er zunächst nicht die Absicht gehabt,
Deutschland zu verlassen, und lebte 1938 noch mit seiner Frau Annie und dem Sohn Kurt (später Ken) in
Köln. Alles änderte sich auch für diese Familie nach
dem 9. November, denn nun ging es ihnen darum, so
schnell wie möglich aus Deutschland rauszukommen.

*Mutter während ihrer Amerikareise mit Onkel Sally, seiner Frau Annie und ihrem Sohn Kurt (Ken) sowie dessen Frau Helen und dem Enkel Ricky.*

Im Mai 1939 gelang ihnen die Ausreise nach New York. Jahrelang bemühte Sally sich nach Kriegsende vergeblich darum, über den Rechtsweg an seine deutsche Rente zu gelangen. Als er seinen Rentenanspruch 1966 endlich durchsetzen konnte, er war inzwischen 78 Jahre alt, nahm ihn die Aufregung darüber derart mit, dass er einen Herzinfarkt erlitt und kurz darauf starb. Dank Onkel Sallys Beharrlichkeit erhielt seine Witwe Annie, die erst im Juni 2007 im Alter von 104 Jahren starb, zeitlebens eine deutsche Rente.

*Julius und seine Familie*

Mutters Bruder Julius verließ Aachen mit seiner Frau Frieda und den Kindern Inge und Hans gegen Ende der 30er Jahre und lebte mit ihnen in Brüssel.[83] Nach der Invasion Belgiens durch die Deutschen, wurde Julius in das südfranzösische Konzentrationslager Gurs deportiert und starb, wie Mutter nach dem Krieg berichtet wurde, bereits kurze Zeit später.

Frieda und ihre Kinder überlebten den Krieg gemeinsam mit den anderen Verwandten auf dem Land und kehrten danach nach Brüssel zurück. Nach dem Krieg heiratete Frieda Emmas Sohn Heinz, der ursprünglich mit ihrer Schwester Irma verheiratet gewesen war. Durch die Beziehung von Frieda und Heinz kam es nun zu recht verzwickten Familienverhältnissen, aber die beiden waren glücklich miteinander, und Frieda litt sehr, als Heinz 1959 starb. Inge starb 1972 vollkommen unerwartet innerhalb weniger Tage an einem Gehirntumor. Die Familie war schockiert, als auch Hans zwei Wochen nach Inges Tod an Krebs verstarb.

## Theresienstädter ›Verwandte‹

Auch zu unseren Theresienstädter Bekannten, mit denen wir uns in den Jahren der Entbehrung angefreundet hatten und die für uns wie Familie waren, blieb der Kontakt bestehen. Frieda und Emil Weinhausen sahen wir auch nach der Rückkehr aus Theresienstadt noch regelmäßig. Wie wir kehrten sie an ihren Heimatort, Aachen, zurück.[84] Emil arbeitete dort für das Finanzamt. Die beiden waren gut finanziell versorgt, weil Emil clever Geld angelegt hatte. Aber sie waren wohl recht einsam, denn sie hatten keine Kinder, und Friedas Schwestern waren nach Brasilien geflohen und wollten nach dem Krieg nicht nach Deutschland zurückkehren. Frieda starb erst mit 94 Jahren im jüdischen Altersheim in Düsseldorf. Wenn ich an sie denke, erinnere ich mich immer daran, dass sie, auch als sie schon sehr alt war, oft sagte: »Ach Gottchen, ach Gottchen, ach Gottchen!«

Ein Mal im Jahr fuhren Mutter und ich nach Aachen, um Frieda und Emil zu besuchen und gleichzeitig auf den jüdischen Friedhof zu gehen, wo Mutters Vater Heinrich und ihr Bruder Arthur begraben waren. Auch Opa Heinrichs erste Frau Bertha, die Schwester meiner Oma Rosalie, liegt dort. Mutter gab dem Friedhofswärter bei dieser Gelegenheit immer Geld für die Grabpflege.

Auch Martha Vasen hatte Theresienstadt überlebt.[85] Nach dem Krieg besuchte ich sie in Erkelenz, wo sich ihre Tochter nun liebevoll um sie kümmerte. Friedchen, die katholisch erzogen worden war, war sehr hübsch und erschien mir damals wie Schneewittchen.

Mit Edith Herz und ihrer Mutter Käthe, die uns auch in Weeze besuchte, blieb die Freundschaft noch viele Jahre bestehen. Sie lebten später in der Bronx und hatten dort eine Reinigung. Mutter besuchte sie, als sie in den 60er Jahren nach Amerika reiste.[86]

Grete und Willi Lode wanderten ebenfalls nach Amerika aus und lebten später in New York, wo ich sie als Erwachsene besuchte. Sie wohnten dort immer noch so wie in Theresienstadt. Willi war Schlosser und hatte eine eigene kleine Werkstatt unter einer Brücke.[87]

Auch Flora Schweizer verließ Deutschland und zog zu Verwandten in Amerika. Sie starb nach wenigen Jahren im Alter von 76 Jahren in New Haven.[88]

# MEINE TÄTIGKEIT ALS ZEITZEUGIN

Auszug aus der Liste der Schulen und Vereine, in denen ich in den vergangenen Jahren als Zeitzeugin von meinen Kindheitserlebnissen berichtet habe:

- *Anne-Frank-Schule, Geldern*
- *Arbeitskreis Weezer Heimatgeschichte, Weeze*
- *Berufskolleg Kleve*
- *Bund der deutschen katholischen Jugend, Stuttgart*
- *Ehemalige Synagoge Issum*
- *Evangelische Gemeinde, Badenweiler*
- *Fachschule für Sozialpädagogik, Kleve*
- *Frauenabendkreis, Evangelische Kirchengemeinde, Weeze*
- *Frauengesprächskreis, Evangelische Kirchengemeinde, Moers*
- *Friedrich-Spee-Gymnasium, Geldern*
- *Gesamtschule Mittelkreis, Goch*
- *Geschwister-Devries-Schule, Uedem*
- *Hermann-Runge-Gesamtschule, Moers*
- *Johannes-Hauptschule, Weeze*
- *Katholische Jugend, Offenburg*
- *Kolping-Jugend, Tiengen*
- *Kreisgymnasium Bad Krozingen*
- *Leni-Valk-Realschule, Goch*
- *Lise-Meitner-Gymnasium, Geldern*
- *Marienschule Xanten*
- *Markgräfler Gymnasium, Müllheim*
- *Oberschulbehörde Freiburg*
- *Petrus-Canisius-Grundschule, Weeze*
- *Pfarrheim St. Maria Magdalena, Geldern*
- *Realschule Geldern*
- *Sankt-Markus-Hauptschule, Bedburg Hau*
- *Städtisches Gymnasium, Straelen*
- *Treffen der Generationen, Kevelaer*

*Mit Inge Auerbacher während der Aufnahmen zu Emanuel Runds Film über Inges Kindheit. In unseren Händen halten wir unsere Poesiealben von 1945.*

*Als Zeitzeugin während eines Vortrags in einer niederrheinischen Schule.*

# NACHWORT

Rückblickend empfinde ich, dass ich nie eine richtige Kindheit hatte, weswegen es mir später immer an Liebe mangelte. Denn es war eben eine so lieblose Zeit, die ich als Kind erlebte. Schon bei meiner Geburt ging die Angst umher, Angst um die Existenz, Angst um das Leben, um die Freiheit. Warum habe ich überlebt, und so viele andere jüdische Kinder mussten den Weg in den Tod gehen? Diese Frage stelle ich mir immer wieder. Ich bin oft unendlich traurig, dass so etwas Furchtbares geschehen konnte und dass es auch heute noch so viel Gewalt und Intoleranz gibt. Lernen wir nicht von der Vergangenheit? Oft denke ich an Vaters Spruch: »Die Zeiten sind wie immer, die Menschen werden schlimmer.«

Meine Kindheitserfahrungen haben dazu geführt, dass ich oft überempfindlich bin. Sehe ich einen Menschen in Uniform, wird gleich die Erinnerung wach. Spricht mich ein Schaffner oder ein Polizist etwas schroff an, so bewirkt dies in mir bis heute eine Überreaktion, die nur mit äußerster Beherrschung zu stoppen ist. Zugleich hat diese Überempfindlichkeit auch dafür gesorgt, dass ich mich besonders gut mit den Bedürftigen und Benachteiligten in unserer Gesellschaft identifizieren kann.

Wie wäre wohl mein Leben verlaufen, hätte es die Nazizeit nicht gegeben? Da Vater und Mutter sehr kinderlieb waren, hätte ich vielleicht noch Geschwister bekommen. Vielleicht hätte ich in der Umgebung von Weeze einen Juden geheiratet und viele Kinder bekommen. Dann wäre ich wohl Hausfrau geworden und hätte keinen Beruf ergriffen.

Doch wenn ich so darüber nachdenke, dann hätte Vater ohne die judenfeindliche Zeit damals vielleicht sogar seine christliche Freundin geheiratet. Und so wäre ich vielleicht nie geboren worden! Und Mutter hätte sich von ihren Geschwistern verwöhnen lassen und für Oma Rosalie gesorgt, ohne je zu heiraten. Vielleicht hätte sie weiter ihrer Freundin Elfriede Kaufmann im Aachener Wäschegeschäft geholfen und noch jahrzehntelang Wäsche mit Monogramm für ihre Aussteuer gesammelt und mit Seidenbändern versehen im Schrank gelagert.

*Je länger du dort bist,*
*Um so mehr bist du hier.*
*Je länger du fort bist,*
*Um so länger bei mir.*

Dieses Gedicht geht mir immer durch den Sinn, wenn ich heute an meine Mutter denke, die 1980 im Alter von fast 85 Jahren verstarb. Durch sie blieb ich damals am Leben, aber ich verstand dies leider nicht als Kind. Im Alter sagte Mutter oft, ihr wäre so langweilig. Doch wenige Tage vor ihrem Tod, als eine Bekannte ihr von ihrer eigenen Mutter erzählte, die nicht mehr leben wollte, überraschte meine Mutter uns alle, indem sie enthusiastisch erwiderte, das Leben sei doch so lebenswert! Ihr Herrgott war für Mutter immer da, und sie hat mir einen festen Glauben an eine höhere Macht, die mein Leben bereichert und begleitet, gegeben. Sie war eigentlich eine Frohnatur, aber da war das Leid, dass sie immer wieder einholte.

Das Bedürfnis, meine Erinnerungen an meine Weezer Kindheit und die Zeit in Theresienstadt mit anderen Menschen und gerade jungen Leuten zu teilen, wuchs über die Jahrzehnte danach in mir. Als ich schließlich damit begann, als Zeitzeugin aktiv zu werden, ging es mir vor allem darum, die wichtigste Botschaft meines Vaters, nicht Böses mit Bösem zu vergelten, an die kommenden Generationen weiterzugeben. Und es war mir auch ein Anliegen, meinen Teil dazu beizutragen, dass der Weezer, die damals fliehen mussten, und ganz besonders der Weezer, die nicht überlebten, in meinem Heimatort gedacht werden würde.

Dennoch dauerte es ein halbes Jahrhundert, bis ich das erste Mal eingeladen wurde, in Weeze von meinen Kindheitserinnerungen zu erzählen. Und leider dauerte es auch viele Jahre, bis die Gemeinde Weeze endlich eine Gedenktafel für die verfolgten und ermordeten Weezer Juden errichtete. Die Enthüllung des Denkmals im Juni 2002 in Anwesenheit meiner Kinder und meines Vetters Horst (George) Devries, seines Sohnes Jerry sowie des Sohns vom Sim Hertz, John Hertz, war für mich und meine Familie ein ergreifendes Ereignis. Mein Wunsch, dass in Weeze eines Tages eine Straße oder Schule nach den ermordeten Koopmann-Kindern benannt wird, ist leider bislang unerfüllt geblieben. Aber ich habe die Hoffnung noch nicht aufgegeben, dass die Weezer, auf die Vater so vertraute, erkennen werden, wie wichtig es ist, diesen Kindern, die nicht wie ich das Glück hatten, die schlimme Zeit zu überleben, einen bleibenden Platz im Bewusstsein künftiger Generationen zu gewähren.

# ANMERKUNGEN

1 Dies ist der Titel eines niederrheinischen Heimatliedes mit Text von Theodor Bergmann und Vertonung durch Gerhard Korthaus. Das Lied gilt als ›Nationalhymne‹ des Weezer Nachbarortes Kevelaer.

2 Der Stammbaum der Familie Devries wurde in den 80er Jahren von Max Adolf Devries, der aus Goch stammte und während der Nazizeit nach Australien floh, bis in das frühe 18. Jahrhundert zurückverfolgt. Die frühesten Spuren der Vorfahren, die Max Adolf fand, führten bis nach Portugal. Max Adolf Devries wurde 1914 in Goch geboren. Im Januar 1939 traf er nach seiner Flucht aus Deutschland mit seiner Frau Esther per Schiff in Australien ein.

3 Im Archiv der Gemeinde Weeze findet sich ein in den 70er Jahren angefertigter Stammbaum der verschiedenen jüdischen Familien Koopmann (auch Koopmans und Coopmans geschrieben), die in Weeze ansässig waren. Darunter ist auch Henriette Coopmans aufgelistet. Wie sich durch Einsicht in ihre Geburtsurkunde herausstellte, handelte es sich bei Henriette, die die Tochter von Zara Koopmann war, um ein uneheliches Kind. Zara wird auf der Urkunde als »unverheirathete« Mutter aufgeführt, und über die Umstände der Geburt wird angegeben, dass diese »in der Wohnung der Mutter Coopmans« stattfand. Anhand der Einsicht in die Geburts- und Sterbeurkunden von Zaras Vorfahren väterlicherseits wird deutlich, dass es sich bei der Familie Koopmann um eine schon seit dem frühen 19. Jahrhundert in Weeze ansässige Familie handelte. Henriettes Urgroßvater war der Metzger David Koopmann. Wie Gerd Halmanns in seinem Beitrag »Vom ›Ehrenkreuz für Frontkämpfer‹ bis zum gelben Stern: Die Wege jüdischer Weezer« erwähnt, lässt sich die erste Spur von Davids Familie im Jahr 1812 in einer Bevölkerungsstatistik von Weeze finden (Bernhard Keuck and Gerd Halmanns [Hrsg], *Juden in der Geschichte des Gelderlandes*, Geldern, 2002, S.287). Die erwähnte Aussage einer Weezerin, Henriette wäre womöglich nicht jüdisch gewesen, ließe sich dadurch erklären, dass ihr Vater eventuell nicht jüdisch war. Allerdings hätte dies für die Frage der Religion Henriettes keine Folgen gehabt, da die jüdi-

sche Religionszugehörigkeit sich an der Mutter, nicht dem Vater, festmacht. Die Eltern von Henriettes Mutter Zara waren interessanterweise Jacob Koopmann und Mina, geborene Devries. Henriettes Großmutter Wilhelmina Devries stammte aus Uedem und war eine Cousine zweiten Grades von Henriettes Mann Jacob Devries. So gab es zwischen den Familien Koopmann und Devries auch in früheren Generationen bereits familiäre Verbindungen.

4    Halmanns (2002) weist darauf hin, dass die Anwesenheit jüdischer Metzger in Weeze keineswegs von allen Weezern als positiv empfunden wurde:»Auf diesem Hintergrund gelang es der Christlich Sozialen Partei im Februar 1892, in Weeze ›etwa 800 Männer‹ für ›eine große antisemitische Volksversammlung‹ zu erreichen. Ein anonym bleibender Briefschreiber hatte schon einige Tage zuvor im Geldernschen Wochenblatt Klage darüber geführt, daß es in Weeze keinen christlichen Fleischer, gebe, sondern nur ›zwei Metzgergeschäfte, deren Inhaber beide Israeliten sind‹. ›Nicht Jedermanns Sache ist's, bei einem jüdischen Metzger seinen Fleischbedarf zu beziehen, und so haben bisheran manche Weezer von Goch oder anderwärts ausschließlich ihr Fleisch bezogen.‹« (S. 289, Fußnote 11)

5    Heinz Bosch fasst das Schicksal der jüdischen Gemeinde Geldern in seinem Buch *Erinnerungen an das alte Geldern* (Geldern, 1977) folgendermaßen zusammen:»Die im Jahre 1875 erbaute Synagoge diente der jüdischen Bevölkerung als Sammel- und Kultstätte, um den Sabbat würdig zu begehen. Die Größe der jüdischen Gemeinde wird 1910 mit 108 Mitgliedern angegeben. Durch die antisemitische Politik nach 1933 sank die Zahl der Juden auf 56 im Jahre 1935 herab. Am 23.1.1942 lautet eine kurze Mitteilung: ›In der Stadt Geldern sind keine Juden mehr.‹ In der Reichskristallnacht 1938 wurde die Synagoge auf dem Nordwall in Brand gesteckt und kurze Zeit danach dem Erdboden gleichgemacht.« (S. 78)

6    Die Gesamtschule Mittelkreis in Goch hat im Rahmen ihres Projekts *Gegen das Vergessen* das Schicksal der Gocher Juden im Nationalsozialismus anschaulich und umfassend erarbeitet und ins Internet gestellt (http://wp.ge-mittelkreis.de/webfrie05/). Hier wird auch Adolf Devries, der Vater des Stammbuch-Forschers Max Adolf Devries, erwähnt:»Kaufmann, Pelzwaren, Häutehandlung, Adolf Devries war der der letzte Vor-

steher der jüdischen Gemeinde in Goch. Am 26.10.1941 nach Lodz/Litzmannstadt deportiert. Begründer und Ehrenpräsident des Bundes der Viehhändler Deutschlands.« Adolfs Frau Frieda, geborene Minkel, war bereits 1932 verstorben. In Yad Vashem sind das Todesdatum und der Todesort von Adolf Devries als 18. Juli 1942 und Lodz verzeichnet.

7  In seinem Artikel »Zeit der Blüte: Juden in Geldern und Issum 1871-1933« (Keuck and Halmanns 2002, S.68-132) erwähnt Christoph Nonn, dass Albert auf einer Gedenktafel in der 1938 zerstörten Gelderner Synagoge gedacht wurde (S. 121). Albert ist auch im *Gedenkbuch des Reichsbund jüdischer Frontsoldaten* in der »Liste der im 1. Weltkrieg gefallenen Soldaten jüdischen Glaubens« als zum Zeitpunkt seines Todes der Einheit 5. I. R. 74 zugehörig aufgeführt. Die Liste ist im Internet als Teil des Onlineprojekts Gefallenendenkmäler zugänglich.

8  Friedas Tochter Marga Szwarcbard nahm Mitte der 90er Jahre an einem Interview mit dem Jewish Holocaust Museum and Research Centre in Melbourne teil, um ihre Erinnerungen an ihre Kindheit und ihre Jugend mitzuteilen. Die im Folgenden wiedergegebenen Auszüge aus dem Interview, das auf Englisch stattfand und auf Video festgehalten wurde, wurden von Ruth Bader sinngemäß ins Deutsche übersetzt. Über ihre Eltern und ihren Heimatort sagt Marga: »Meine Eltern heirateten im April 1921. Die beiden hatten sich in einem Nachbarort von Weeze bei Verwandten meines Vaters kennengelernt, die mit Verwandten meiner Mutter befreundet waren. Meine Mutter hatte drei Brüder und eine Schwester. Die Familie hatte eine Metzgerei und war nicht sehr religiös. Aber sie waren gute jüdische Menschen, die ihren Prinzipien immer treu blieben. Mein Vater hatte zwei Geschwister, einen älteren Bruder und eine jüngere Schwester. Ahaus hatte damals etwa 8.000 Einwohner, darunter 30 jüdische Familien. Mein Vater war gemeinsam mit seinem Bruder ein Vieh- und Pferdehändler. Meine Mutter führte die Bücher und kümmerte sich um alle Formalitäten. Wir hatten auch einige Angestellte. Meine Mutter brachte unseren Dienstmädchen Kochen bei, wodurch diese bessere Heiratschancen hatten. Die jüdische Gemeinde in Ahaus war sehr religiös und hatte eine sehr schöne Synagoge. Auch mein Vater war sehr religiös. Zwei Mal in der Woche erhielten wir Kinder privaten jüdischen Religionsunter-

richt. Aus Recklinghausen kam zu den hohen Feiertagen ein Rabbiner angereist. Mein Onkel war der Vorsitzende unserer Gemeinde. Wir waren eine sehr enge jüdische Gemeinschaft, in der sich alle gegenseitig unterstützten. Alle jüdischen Männer im Ort hatten im Ersten Weltkrieg gekämpft.«

9  Das Foto stammt aus dem Nachlass von Marga Szwarcbard und wurde von ihrem Sohn Geoffrey zur Verfügung gestellt.

10  Die Bestätigung des Heimatortes Lobberich und der Eltern der Schwestern Bertha und Rosalie Sanders ist Frank Kauwertz, dem Herausgeber des Buchs *Die drei Eisheiligen* (siehe Fußnote 15), zu verdanken, der die folgenden Einzelheiten durch einen Besuch bei der Stadtverwaltung Nettetal herausfand: Der 30-jährige Heinrich Hartoch aus Aachen heiratete 1865 die 20-jährige Bertha Sanders in Lobberich. Heinrich war der Sohn von Abraham Hartoch und Sybilla, geborene Seligmann. Bertha war die Tochter von Samuel Sanders und Judith, geborene Bonn, und war 1843 in Kaldenkirchen geboren worden. Sie verstarb 1878 in Aachen, wo ihr Grabstein auf dem jüdischen Friedhof zu finden ist. Bertha war das älteste von sechs Geschwistern. Ihre Schwester Rosalie war das zweitjüngste Kind der Familie. Auch das jüngste Kind der Familie, Sara, lebte in Aachen und starb dort im März 1926. Sie blieb unverheiratet. Dass Sara damals bei Rosalies Familie lebte, geht aus einem Gruß von ihr hervor, der sich auf einer Postkarte von 1926 von Rosalie an ihre Tochter Adele und deren Familie in Königswinter findet. Leider ist über Sara nichts Näheres bekannt. Die Geschwister Sanders gehörten zu der weit verzweigten, in und um Kaldenkirchen herum ansässigen Familie Sanders und waren weitläufig auch mit der Familie Devries verwandt.

11  Diese Angaben stammen aus verschiedenen Quellen, z. B. aus Gesprächen mit Hilde Homer.

12  Arthur Hartoch ist auf dem jüdischen Friedhof in Aachen begraben.

13  Das Foto wurde von Ken Hartoch, dem Sohn von Joseph (Sally) Hartoch, zur Verfügung gestellt.

14  Aspekte der Geschichte von Hildes Familie werden in der 1985 erschienenen Publikation *Königswinter in Geschichte und Gegenwart: Leben und Sterben unserer jüdischen Mitbürger in Königswinter.*

188

*Ein Buch des Gedenkens,* herausgegeben von der Stadt Königswinter, erwähnt. 1993 wurde Hilde für das North West Sound Archive in Clitheroe in England über ihr Leben vor und während der Nazizeit sowie in der Nachkriegszeit befragt. Das Interview fand auf Englisch statt und wurde auf fünf Audiokassetten festgehalten. Die im Folgenden wiedergegebenen Erinnerungen Hildes wurden von Ruth Bader sinngemäß ins Deutsche übersetzt. Über ihre Eltern berichtete Hilde:»Meine Mutter kam aus Aachen, hatte dann als Verkäuferin in einem Geschäft in Bonn gearbeitet, bis sie meinen Vater kennenlernte und ihn heiratete. Meine Eltern wurden einander durch eine jüdische Heiratsvermittlerin vorgestellt. Sie waren beide für damalige Verhältnisse relativ alt, als sie heirateten. Mein Vater war bereits 35, Mutter 28 Jahre alt. Meine Mutter war sehr religiös und führte einen koscheren Haushalt. Gleichzeitig war sie auch eine abergläubische Frau und fürchtete sich, dass sie vom Blitz erschlagen würde, wenn sie sich nicht an die religiösen Regeln halten würde. Meine Eltern waren sehr glücklich miteinander. Mein Vater liebte meine Mutter sehr. Wir wurden nie bestraft. Meine Mutter sagte: ›Meine Kinder haben genug Verstand, dass ich mit ihnen alles in Ruhe besprechen kann.‹ Als meine Mutter 1931 an Krebs starb, wollte mein Vater sich erschießen, so verzweifelt war er. Ich schmiss die Waffe aus dem Fenster und gab ihm eine Ohrfeige, damit er sich beruhigte. Mich zwangen dieser frühe Tod und die Hysterie meines Vaters dazu, recht schnell erwachsen zu werden. Ich war diejenige, die das Begräbnis arrangierte und sich um das Geschäft kümmerte. Meine Mutter war damals in einem privaten Krankenhaus untergebracht gewesen, was sehr viel Geld gekostet und meinen Vater fast in den Ruin getrieben hatte. Noch lange nach ihrem Tod trafen bei uns die Rechnungen ein. Damals konnte man ja Krebs nicht kurieren. Zum Schluss war meine Mutter wieder bei uns zuhause. Als sie eines Nachts um ein Glas Wasser bat, ging Vater es für sie holen und fand sie tot vor, als er wieder ins Zimmer trat. Der Pastor in Königswinter verkündete in seiner Predigt in der Kirche, dass meine Mutter verstorben war und dass meine Eltern das glücklichste Ehepaar im Ort gewesen wären. Eine lange Prozession begleitete ihren Sarg von unserem Haus zum jüdischen Friedhof. Später besuchte ich jedes Jahr das Grab meiner Mutter.«

15 Frank Kauwertz (Hrsg), *Die drei Eisheiligen. Geschichten und Dokumente wider das Vergessen. Schicksale von Bürgern der israelitischen Gemeinden in Kaldenkirchen und Nachbarorten*, 2. Aufl., Nettetal, 2004, S. 28.

16 Dr. Kurt Hirschfelder ist in der »Liste der jüdischen Opfer des Nationalsozialismus in Krefeld« aufgeführt. Auf den Internetseiten der Krefelder Gedenkstätte Villa Merländer über die »Judenverfolgung in Krefeld« wird er als eine der herausragenden jüdischen Persönlichkeiten Krefelds erwähnt.

17 Halmanns (2002) bietet in seinem Artikel eine Zusammenfassung des Schicksals von Ludwigs Familie. Danach wurde Ludwig am 9. November 1938 verhaftet und am 17. Dezember aus Dachau entlassen. Er gibt auch an, dass er laut Meldekartei am 11. Mai 1939 nach Haiti verzogen sei. (S. 291)

18 Friedas Tochter Marga berichtet in dem bereits erwähnten Interview mit dem Jewish Holocaust Museum and Research Centre davon, wie ihre Familie diese Zeit erlebte:»Dann wurde meinem Vater verboten, weiter Händler zu sein. Gemeinsam mit den anderen jüdischen Männern des Ortes musste er für die Gemeinde den Park aufräumen und den Bürgersteig fegen. Die Menschen in Ahaus waren sehr antisemitisch, und mein Bruder, der auf eine Jungenschule ging, kam oft grün und blau geschlagen nach Hause, weil ihn andere Schüler verprügelt hatten. Mir erging es auf meiner katholischen Schule nicht so schlecht wie ihm, aber ich fühlte mich meistens sehr isoliert, abgesehen von Gesprächen mit einer sehr netten Lehrerin. Als ich etwa fünfzehn Jahre alt war, musste ich die Schule verlassen, weil ich Jüdin war. Eine Zeit lang war eine katholische Freundin von mir noch mutig genug, mich heimlich zuhause zu besuchen und mir Hausaufgaben zu bringen. Dann wurde ich nach Düsseldorf auf eine jüdische Haushaltungsschule geschickt, die ein Internat für Mädchen aus ganz Deutschland war. Von dort aus konnte ich meine Familie noch regelmäßig besuchen. Dann kam die Pogromnacht. Ich eilte so schnell ich konnte, nur mit meinem Schlafanzug und einem Mantel bekleidet, per Zug nach Ahaus, um meine Familie zu finden. Sie waren nicht in unserem Haus, sondern hatten sich in einem Schweinestall in unserer Straße zwischen den Schweinen versteckt. Unser gesamter Haushalt war aus einem Fenster im ersten Stock in die Straße geschmissen worden. Ein Freund mei-

nes Vaters, der Anwalt war, kam zu uns und sagte meinem Vater, dass er umgehend verschwinden müsste, da die Nazis dabei wären, alle jüdischen Männer zu verhaften und nach Buchenwald zu schicken. Daraufhin machte sich mein Vater sofort per Fahrrad über die Grenze nach Holland auf, so wie er war, ohne jegliches Gepäck. In Holland kam er zunächst bei einem Vetter unter. Am nächsten Tag packte meine Mutter für meine Geschwister und mich die Koffer und setzte uns in einen Zug nach Holland. Sie selbst blieb in Deutschland zurück, um zu versuchen, Geld für uns aufzutreiben. Weil sie nicht mehr in unserem Haus wohnen durfte, zog sie zum Bruder meines Vaters und seiner Frau, die im Elternhaus meines Vaters lebten. In diesem Haus durften sie nun nur noch ein Zimmer bewohnen. Zwölf jüdische Familien teilten sich das Haus. Die Frau, in deren Schweinestall sich meine Familie versteckt hatte, bot meiner Mutter an, sie könnte für sie Geld über die Grenze schmuggeln. Alle ein bis zwei Wochen reiste sie über verschiedene Grenzübergänge nach Holland, immer unter dem Vorwand, sie müsste zur Taufe ihres Enkelkindes und hätte deshalb auch einige Geschenke dabei. In ihrer Kleidung versteckte sie Geld und übergab das Geschmuggelte dann in Holland an unsere Verwandten.«

19  Halmanns (2002) schreibt zur Situation von Ludwigs Söhnen vor der Emigration: »Seine Söhne Albert (geb. 1921) und Horst (geb. 1925) hatten das Land schon früher in Richtung Niederlande verlassen und schlossen sich dann der Auswanderung nach Westindien und in die USA an. Alberts Metzgerlehre konnte wegen der Emigration nicht beendet werden. Horst, Schüler des Gelderner Hindenburg-Gymnasiums, litt als ›Israelit‹, wie ihn das Schulzeugnis bezeichnete, erheblich unter Bedrohungen durch antisemitisch aufgehetzte Mitschüler. Im Dezember 1937 wechselte er daher zur jüdischen Schule Kleve, die er aber nur bis zu deren Zerstörung am 9. November 1938 besuchen konnte.« (S. 291)

20  Halmanns (2002) erwähnt, dass es 1938 dreizehn jüdische Weezer gegeben hätte (S. 287).

21  Ein Eintopf aus gestampften Kartoffeln und Gemüse, oft mit Fleischbeilage.

22  Auch Halmanns (2002) beschreibt die unerwartete Flucht der Familie Koopmann und ihr weiteres Schicksal. Danach ver-

ließen sie Weeze im August 1938 und fanden zwischenzeitlich in Belgien Unterschlupf, bevor sie 1942 nach Auschwitz deportiert wurden (vgl. S. 294f). Durch die Nachforschungen zur Frage der Eltern von Henriette Coopmans (siehe Anmerkung 3) stellte sich heraus, dass die hier erwähnte Familie Koopmann tatsächlich weitläufig mit der Mutter von Max Devries verwandt war.

23  Auf Leonhard Koopmanns Rolle bei der Einweihung des Kriegerdenkmals weist auch Halmanns (2002) hin (vgl. S. 289). Über Leonhard und seine Schwester schreibt er: »Schon seit Ende des 19. Jahrhunderts betrieben die beiden unverheirateten Geschwister eine ›Kleinhandlung‹ mit Manufaktur- und Kolonialwaren auf der Wasserstraße. Henriette Koopmann (geb. 1858) starb 1939 in Weeze.«

24  Halmanns (2002) geht auf das Schicksal von Sims Söhnen ein (vgl. S.292-294). Er macht deutlich, dass Julius Hertz rückblickend den Stellenwert von Bürgermeister Heitmeyers Einflussnahme als weniger wichtig einschätzte als seine Mutter Käthe.

25  Zu Sims zunehmend aussichtsloser Situation schreibt Halmanns (2002): »Seinen wohl eher bescheidenen Viehhandel betrieb er von der Alten Heerstraße 11 aus, bis er unter Druck verschiedener Verfolgungsmaßnahmen, u.a. durch die Gestapo, sein Geschäft im Jahre 1937 aufgeben musste. Am 9. November 1938 wurde Simon Hertz festgenommen, vom 16. November bis zum 30. Dezember war er Gefangener im KZ Dachau. Weiteren Verhaftungen versuchte er sich zu entziehen, indem er wochenlang bei ihm bekannten Bauern in Scheunen schlief. Wegen des ›Verdachts der Hehlerei von Lebensmitteln‹ ordnete der Bürgermeister am 20. April 1940 eine Hausdurchsuchung an, die allerdings ergebnislos blieb. Am 5. Dezember 1940 wurde er beschuldigt, noch Ziegenhandel zu betreiben. Aufgrund einer Anzeige, er habe den ›Reichsführer SS‹ Heinrich Himmler einen ›Bluthund‹ genannt, erhielt er für den 5. Mai 1942 eine ›Vorladung‹ zur Polizei. Sein Fahrrad wurde dabei ›sichergestellt‹, ›um ihm nicht zuviel Bewegungsfreiheit zu lassen‹ und weil er sich damit angeblich bei den Bauern Lebensmittel verschaffte. Der zuständige ›Meister der Schutzpolizei‹ forderte den ›Abtransport des Hertz mit seinen beiden Söhnen.‹ So könne ›für andere Volksgenossen eine 4-

Zimmerwohnung frei gemacht werden‹. ... Am 16. Juni 1942 wurde Simon Hertz in ›Schutzhaft‹ genommen. In der folgenden Nacht erhängte er sich in seiner Zelle im Weezer Polizeigefängnis, um der Deportation zuvorzukommen. Beerdigt wurde er auf dem jüdischen Friedhof in Geldern.« (S. 291f)

26 Der Originaltext ist hier unverändert, d. h. ohne Korrektur, wiedergegeben.

27 In seinem Artikel »Eine Deportation nach Theresienstadt. Zur Rolle des Banalen bei der Durchsetzung des Monströsen« (Theresienstädter Studien und Dokumente 1994, Internetversion) beschreibt Michael Zimmermann recht ausführlich mehrere in diesen Tagen von Düsseldorf ausgehende Deportationen nach Theresienstadt, darunter auch Transport VII-2. Er geht ausführlich auf die damit verbunden »Verwaltungsvorgänge« ein. Demnach waren für die Deportation am 25. Juli (VII-2) jüdische Personen aus den folgenden Orten vorgesehen: »155 aus Duisburg, 112 aus München-Gladbach, 232 aus Krefeld, 88 aus Kempen und 151 aus kleineren Gemeinden und Landkreisen, insgesamt 738 aus dem Regierungsbezirk Düsseldorf, die übrigen aus dem Aachener Raum.« Die Errechnung des »Fahrpreises« für die Deportation erläutert Zimmermann folgendermaßen: »Obwohl die Deportationszüge nach Theresienstadt aus Güterwaggons bestanden, buchte die Gestapo die Juden bei der Reichsbahn als gewöhnliche Fahrgäste. Basistarif war der 3. Klasse-Fahrpreis von vier Pfennig pro Streckenkilometer und Person; Kinder unter zehn Jahren reisten unentgeltlich. Da die Zahl der Deportierten sowohl am 21. als auch am 25. Juli 1942 aus mehr als 400 Personen bestand, wurde ein Gruppentarif gewährt, der dem halben Fahrpreis 3. Klasse entsprach. Für die Juden wurden einfache Fahrkarten, für die mitreisende Bewachung Rückfahrkarten gelöst.« Auch die Wahl der Schlachthofhalle erklärt Zimmermann: »Der dortige Bahnhof war wegen seiner langen Rampen als Deportationssammelpunkt besonders geeignet. Außerdem konnte er vor der Öffentlichkeit gut abgeschirmt werden, da es sich nicht um einen Personen- oder Güterbahnhof handelte, sondern um den Verladebahnhof des Düsseldorfer Schlachthofes. Schließlich hatte der Schlachthof eine große Halle, in der die Deportationsopfer leicht durchsucht und für eine Nacht untergebracht werden konnten. Die

Assoziationen, die sich aus der sprachlichen Verbindung zwischen Schlachthof und jüdischen Opfern ergaben, waren der Düsseldorfer Stapoleitstelle allerdings peinlich. Hatte es im ersten Entwurf der Gestapo-Anweisung zur ›Evakuierung von Juden‹ nach Theresienstadt geheißen: ›Die Konzentrierung dieser Juden erfolgt im Schlachthof in Düsseldorf-Derendorf‹, so lautete die korrigierte Fassung: ›Die Konzentrierung dieser Juden erfolgt im Gebäude Düsseldorf-Derendorf, Rathstraße 23/25.‹« Den Ablauf der Zugfahrt selbst erläutert Zimmermann anhand des Beispiels von Transport VII-1, mit ergänzenden Angaben zu VII-2 am Ende der Beschreibung: »In den frühen Morgenstunden des 21. Juli 1942 wurden die Juden, wiederum bewacht von Bahn- und Schutzpolizisten, aus der Sammelhalle des Düsseldorfer Schlachthofes zur Verladerampe Tußmannstraße in die Güterwaggons geführt. Für ›nicht sitzfähige Kranke‹ standen Matratzen zur Verfügung, die aus den jüdischen Altenheimen des Rheinlandes stammten. Als Transportbegleitung fungierten ein Kommandeur und 15 Angehörige der Schutzpolizei. ... Der Kommandeur, Hauptmann Gehrke, hatte eine Namensliste in doppelter Ausführung bei sich und erhielt auch das Geld, 50 Mark pro Person, ausgehändigt, das die Deportationsopfer nach Theresienstadt mitnehmen durften. ... Der Zug Da 70 verließ Düsseldorf-Derendorf um 10.17 Uhr. ... Da 70 brauchte für die 762 Kilometer - diese Entfernungsangabe war für die exakte Berechnung des Fahrpreises wichtig gewesen - ungefähr 23 Stunden. ... In Theresienstadt traf Da 70 am 22. Juli um 9.18 Uhr ein. ... Organisation und Ablauf der Deportation vom 25. Juli 1942 unterschieden sich nur in Nuancen von derjenigen vier Tage zuvor. Da 71 verließ Aachen am Morgen des 25. Juli um 9.25 Uhr, hielt in Düsseldorf-Derendorf von 11.34 Uhr bis 13.15 Uhr und erreichte Theresienstadt am nächsten Tag um 11.26 Uhr.«

28  Theresienstadt war ab Ende November 1941 ein Konzentrationslager. Insgesamt wurden bis zur Befreiung etwa 141.162 Personen nach Theresienstadt deportiert, davon etwa 40.040 Deutsche. Der größte Teil der Deportationen aus dem »Altreich«, mit insgesamt etwa 32.988 Personen, fand 1942 statt. Unter diesen befanden sich 413 Kinder im Alter von 0-14 Jahren (von 4.955 Kindern insgesamt im selben Jahr), darunter 206 Mädchen. Von deutschen Juden aus dem Altreich über-

lebten zehn Prozent Theresienstadt. (Alle Angaben aus Hans Günther Adlers Buch *Theresienstadt, 1941-1945. Das Antlitz einer Zwangsgemeinschaft*, Tübingen, 1960, 2. Aufl.)

29 Diese Einschätzung ist sicherlich richtig. Zum Status von Kriegsausgezeichneten und Kriegsverletzten erklärt Adler (1960) mit Bezug auf den Februarbericht der Selbstverwaltung des Jahres 1944: »Ein bestimmter Kreis von Personen (Überaltete, Kranke, Kriegsausgezeichnete, Kriegsverletzte, arisch Versippte und Ausländer) hatten im Sinne der behördlichen Bestimmungen in Theresienstadt zu verbleiben.« (S.297) Was den Vorgang bei der Vorbereitung einzelner Deportationen aus Theresienstadt in die Vernichtungslager betrifft, so erklärt er an anderer Stelle: »In der ›Zentralevidenz‹ wurden die Namen aller aussortiert, die für den Transport in Frage kommen konnten, Namen der Mitglieder ausgenommener Gruppen, z. B. Reichsdeutscher oder Menschen über 65 Jahre, wurden entfernt.« (S. 287) Adler verweist darüber hinaus auch auf einen Leserbrief, der am 22. August 1947 im *Aufbau* veröffentlicht wurde und sich spezifisch auf die Erfahrung jüdischer »Kriegsbeschädigter« während der Nazizeit und in Theresienstadt bezieht (S. 712). Seiner Meinung nach sind die darin gemachten Angaben über die Anzahl der nach Theresienstadt deportierten deutsch-jüdischen Kriegsbeschädigten, nämlich 2.000, sowie die Zahl derer, die überlebten, nur 175, korrekt. Hildegard Biermann schreibt in dem genannten Artikel unter dem Titel »Der ›Dank‹ ihres Vaterlandes«: »Wenn wir in diesen Tagen aller jener jüdischen Menschen gedenken, die als Opfer der Nazimordgier ihr Leben hingeben mussten, so soll an dieser Stelle besonders einer Gruppe von Männern gedacht werden, deren Leben und Sterben von besonderer Tragik war. Es waren dies jene Schwerkriegsbeschädigten, die während des ersten Weltkrieges als Soldaten des deutschen bzw. österreichischen Heeres ihr Leben eingesetzt und ihre Gesundheit geopfert hatten. Als die Nazis die Regierung in Deutschland übernahmen, sah es so aus, als ob sie aus einem letzten Anstandsgefühl heraus jener Gruppe jüdischer Menschen eine bevorzugte Behandlung zuteil werden lassen wollten; die verschiedenen Frontkämpferparagraphen deuteten jedenfalls darauf hin. Nach Kriegsausbruch änderte sich aber in rascher Folge diese Situation, und alle die Massnahmen, die das Leben der Juden in Deutschland unerträglich machten, bildeten eine

weitere Erschwerung des auch unter normalen Umständen schwierigen Lebens eines Schwerkriegsbeschädigten. Als im Februar 1940 die erste Verschickung von Juden nach Polen via Vorpommern erfolgte, erfuhr man voller Entsetzen, daß auch Kriegsbeschädigte aller Kategorien, Beinamputierte, Blinde, etc. nicht verschont blieben von den Strapazen eines Transportes und den Entbehrungen im polnischen Ghetto; von Schlimmerem wusste man noch nichts. Als dann die Juden des ganzen Reiches von den Evakuierungen erfasst wurden, war die Handhabung so, daß Leichtbeschädigte ›nach dem Osten‹ verschickt wurden, während Schwerbeschädigte von Transporten befreit waren. Im Jahre 1942 wurde dann das üble Konzentrationslager für tschechische Juden, das sich in der Festung Theresienstadt in der Nähe von Prag befand, als Vorzugslager für gewisse Gruppen von Juden umgewandelt, zu denen auch die jüdischen Schwerkriegsbeschädigten aus Deutschland und Oesterreich gehörten. Und nun begann ein Leidensweg ohnegleichen, für diese Gruppe von Männern, deren Zahl auf mehr als 2000 geschätzt wurde. Arm- und Beinamputierte, an Rollstuhl Gefesselte, Blinde, Männer mit schweren Herz- und Lungenleiden hatten die Strapazen eines Sammellagers und der Fahrt nach Theresienstadt durchzumachen und danach alle Härten und Grausamkeiten des Lebens in einem Konzentrationslager. Männer, von Schmerzen geplagt, von Anfällen gequält, wurden in überfüllten Räumen untergebracht, gezwungen, die Nächte auf der Erde oder auf einem Koffer liegend zuzubringen, von Ungeziefer zerfressen. Wohl bemühte sich die Jüdische Selbstverwaltung des Ghettos, die Leiden dieser Männer etwas zu lindern, aber der quälende Hunger in Verbindung mit den alten Kriegsleiden, machte diese Invaliden besonders anfällig, so daß der Prozentsatz der Sterbefälle in dieser Gruppe zeitweilig besonders hoch war. Immerhin waren aber die Schwerkriegsbeschädigten vor den sogenannten Arbeitstransporten geschützt. Im Herbst 1944 brach dann die Katastrophe herein: 600 jüdische Schwer-Kriegsbeschädigte aus Deutschland, Oesterreich und der Tschechoslowakei wurden nach Auschwitz geschleppt! Nach Kriegsende erfuhren die Überlebenden 175 voller Entsetzen, daß ihre Kameraden, die einmal zu den ›Ehrenbürgern der Nation‹ gehörten und denen der ›Dank des Vaterlandes gewiss sein sollte‹, von denselben Deutschen, für die sie einmal ihr

Leben eingesetzt hatten, in den Gaskammern von Auschwitz hingemordet worden sind. Es ist unsere Pflicht, das Andenken an diese Märtyrer zu erhalten, zugleich als ein Mahnmal für das, was deutsche Barbarei und Brutalität imstande sind, zu tun.«

30  Herr Schwarzkopf wird in Adler (1960) in einer Auflistung von Plakaten erwähnt:»Alle Gebäude, am meisten die ›Blockhäuser‹, waren auf der Hofseite und innen mit häßlichen Aufschriften in schwarz und rot bedeckt, daneben eine verwirrende Flut von Plakaten. ... All diese orientierenden und belehrenden Texte sollten den Anschein einer Ordnung erwecken. Hier eine kleine Auswahl von sieben Plakaten, wie sie ähnlich überall üblich waren: ...
2  Hausältester: Filip Schwarzkopf, Z. 17
H.A.-Stellvertreter: Flora Herz Z. 13
Helfer: Jenny Bier Z. 13
Helfer: Emil Kohner Z. 02« (S. 333)
Die Tätigkeit des Hausältesten beschreibt Adler folgendermaßen:»Vom Hausältesten hing viel ab, z. B. in welches Zimmer man kam und welchen Platz man erhielt. Die Gebäudeältesten ... waren viel höher gestellt als die Hausältesten, aber deren Verhalten war von viel größerem Einfluß auf das Wohlergehen der Insassen, die klug daran taten, sich mit ihnen gut zu verstehen. Es gab brave Leute darunter, aber viele waren unangenehm und die meisten bestechlich. Zu ihren Pflichten gehörten die täglichen ›Standmeldungen‹, Sorge für Ordnung und Sauberkeit, Übergabe amtlicher Vorladungen an die Insassen, Empfang und Ausgabe aller ›Fassungen‹, Überwachungen aller gebotenen Vorschriften.« (S. 336)

31  Vom 9. Januar 1942 bis zum 28. Oktober 1944 fanden Deportationen von Theresienstadt in andere Lager statt. Die Zahl der Deportierten aus Deutschland (inklusive Luxemburg,»Sudetengau« und Danzig) betrug laut Adler (1960) bis zur Befreiung 16.098.

32  Adler (1960) schreibt über das Problem des Ungeziefers:»Ungeziefer gab es in unvorstellbaren Mengen, und selbst die besten Quartiere waren kaum je frei von Wanzen und Flöhen. Desinfizierte man endlich ein ganzes Gebäude, so nistete sich die Plage schnell wieder ein. Aus seinen Brutstätten in den Holzverschlägen und aus den verstaubten Matratzen ließ sich

das Ungeziefer nicht vertreiben. Man griff zu allen möglichen, aber untauglichen Mitteln der Selbsthilfe, steckte Nußblätter unter die Decken, zerlegte die genagelten Gestelle, brannte sie mit Kerzen ab und verstopfte mit dem Stearin die Lücken. In den Quartieren der Gebrechlichen war es am unerträglichsten. Kaum wurde das Licht gelöscht, so wurden die armen Menschen überfallen und konnten nicht schlafen, mochten sie auch in einer Nacht hundert Wanzen töten.« (S. 336f)

33 Adler (1960) vermittelt anhand des Beispiels eines typischen Plakats mit »Vorschriften für Instandhaltung der Aborte und Kanäle« einen Eindruck dieser Tätigkeit:
»1. Vor jedem Abort hat ständig eine Person Dienst. Die Reinhaltung der Sitzbretter und des Bodens ist von ihr gleich nach dem Verlassen durch den Benützer zu kontrollieren. Verunreinigungen muß der Verunreiniger selbst in Ordnung bringen (bei Kranken der Pfleger).
2. Vor jedem Abort muß ein Gefäß, Kübel oder ähnl. mit Wasser stehen, das jeder Benützer nach Benützung des Abortes zum Nachspülen verwenden muß. Betreten des W.C. ohne gefülltes Gefäß ist verboten.
3. Dreimal täglich (früh, mittags u. abends) werden vom Abort- und Reinigungsdienst die Sitzbretter u. der Boden und der Abortvorraum gewaschen, am besten mit Benützung eines Desinfektionsmittels, soweit diese zur Verfügung stehen.
4. Abends ist stets etwas Pulverkalk (oder Chlorkalk) in jeden Abort einzubringen.
5. In jenen Häusern, in welchen das Abwasser der Pumpbrunnen nicht zu den Aborten abläuft, müssen täglich nach der größten Frequenz, also stets um 9 h und 15 h durch die Belegschaft des Hauses in jeden Abort 20-30 Eimer Wasser gegossen werden.
6. In jedem Abort muß ein stärkerer 1-1,5m langer Stock oder dsgl. und eine Kugelbürste zur Abortreinigung vorhanden sein.
7. Im Hof sind gut sichtbar Zettel anzubringen mit der Aufschrift, daß in sämtliche Kanaleinläufe nur Schmutzwasser, keinesfalls aber Papier, Abfälle oder dgl. geschüttet werden dürfen. Es ist strengstens verboten anstatt Klosettpapier hartes Papier, Holzwolle zu benützen, weiters dann Einwerfen von Speiseresten, Brot, Hadern usw. Der Reinigungsdienst muß die Einhaltung dieser Anordnung kontrollieren.« (S. 334)

34 Unter den in Yad Vashem verzeichneten weiblichen Holo-
caust-Opfern mit dem Nachnamen Peine, die in Theresienstadt gefangen waren, finden sich zwei Personen, die dort starben und nicht weiter in die Vernichtungslager deportiert wurden. Es handelt sich hierbei einerseits um Auguste Peine, geborene Kahn, aus Hamburg. Sie wurde am 12. Juni 1872 geboren und kam am 16. Juli 1942 mit dem Transport VI/1 aus
Hamburg in Theresienstadt an, wo sie am 14. November 1942
verstarb. Sie wird sowohl im *Gedenkbuch - Opfer der Verfolgung der
Juden unter der nationalsozialistischen Gewaltherrschaft in Deutschland
1933-1945* (Koblenz, 1986) als auch im *Theresienstädter Gedenkbuch* (Prag, 1995) erwähnt. Die andere Person, auf die die Angaben zutreffen, hieß Dina Peine und kam ebenfalls aus Hamburg. Sie wurde am 15. Mai 1871 geboren. Auch sie traf mit
Transport VI/1 aus Hamburg kommend in Theresienstadt ein.
Sie verstarb am 19. Januar 1944, wie im *Theresienstädter Gedenkbuch* verzeichnet ist.

35 Flora Schweizer wird bereits in Anmerkung 30 erwähnt sowie
bei Adler (1960) ebenso an anderer Stelle in einem weiteren
Beispiel eines Plakats:
»5 Hausmenagekommission
    Alexandrowitz Isido Z. 02
    Geiringer Paula Z. 08
    Schweizer Flora Z.14« (S. 334)
Wie Adler erläutert, war es die Aufgabe einer solchen Kommission, die Ausgabe des Essens zu überwachen.

36 In der von der Jewish Agency in Palestine 1945 veröffentlichten »Pinkas HaNitzolim«-Liste findet sich in der Liste der
»Jewish Survivors Found in Theresienstadt - 34W« eine Irm-
gard Weissbecker. In Yad Vashem sind zwei Frauen mit diesem
Nachnamen verzeichnet, die in Theresienstadt starben. Mit
Bezug auf das *Theresienstaedter Gedenkbuch* finden sich dort zum
einen Angaben von Henriette Weissbecker, die am 29. Dezember 1893 in Aachen geboren wurde und auch mit Transport VII-2 von Düsseldorf nach Theresienstadt deportiert
wurde. Sie wurde am 12. Oktober 1944 nach Auschwitz weitertransportiert. Im selben Gedenkbuch wird zum anderen
Lena Weissbecker erwähnt, die am 14. Februar 1862 geboren
wurde und aus Friesheim bei Köln stammte. Sie wurde am 16.

Juni 1942 mit Transport III-1 von Köln nach Theresienstadt deportiert und starb dort am 21. März 1944.

37  In der »Pinkas HaNitzolim«-Liste finden sich im »Register of Jewish Survivors, Jewish Survivors Found in Theresienstadt - 34H« drei Personen mit dem Nachnamen Hauschner. Sie tragen die Vornamen Ida, Justin und Max. Ida und Max Hauschner sind auch im *Aufbau* vom 26. Oktober 1945 als nach Bayern zurückkehrend aufgeführt:»Hauschner, Ida (25. 7. 94) nach Straubing; Hauschner, Max (7. 1. 90) nach Straubing«. Die »Sharit haPlatah«-Liste schließlich, 1946 vom Zentralkommittee der Juden in Bayern zusammengestellt, führt Ida und Max Hauschner ebenfalls auf und erwähnt auch Justin Hauschner, unter Angabe des Geburtsjahrs als 1896 und des Geburtsorts ebenfalls als Straubing.

38  In einer im Internet zugänglichen Studie von Ruth Lewin Sime von 2004, *Otto Hahn und die Max-Planck-Gesellschaft: Zwischen Vergangenheit und Erinnerung*, findet sich die folgende Erklärung zum Überleben von Maria Baronin Rausch von Traubenberg, geborene Rosenfeld:»Hahn war seit vielen Jahren mit dem Physiker Heinrich Freiherr Rausch von Traubenberg und dessen Frau Maria bekannt. Maria Rausch von Traubenberg war Jüdin, und nachdem ihr Mann 1937 deswegen seine Stelle an der Universität Kiel verloren hatte, zog das Ehepaar nach Berlin-Charlottenburg, wo es bei sich zu Hause ein Forschungslabor einrichtete. Dort waren die Traubenbergs durch ihre Verbindungen zum KWI für Chemie und zum Reichsluftfahrtministerium geschützt. Gutachten bescheinigten die Kriegswichtigkeit von Heinrichs Forschungen auf dem Gebiet der Kernphysik und daß Marias Assistenz (sie besaß einen Doktor in Physik) unverzichtbar sei. 1944 wurden sie ausgebombt und zogen ins Sudetenland, wo Maria einige Monate später denunziert und verhaftet wurde. Am 19. September 1944, eben in dem Moment, als seine Frau abgeführt werden sollte, brach Heinrich zusammen und starb. ... Maria Rausch von Traubenberg wurde einige Tage später aus der Haft entlassen. Ihre erste Inhaftierung war zwar versehentlich erfolgt, aber nachdem sie den Schutz durch ihre Ehe verloren hatte, wurde ihr befohlen, sich unmittelbar nach der Beerdigung ihres Mannes zur Deportation zu melden. Sie wandte sich an Hahn und gab ihm die notwendigen Informationen, die er brauchen würde, um

ihr zu helfen: eine detaillierte Beschreibung von Heinrichs lau-
fenden Experimenten, deren Daten nur sie interpretieren könne, und eine theoretische Abhandlung, die sie fertigzustellen
hätte. Hahn entsprach der Bitte nach Kräften. Er bat promi-
nente Physiker um Unterstützung, darunter Max von Laue,
Arnold Sommerfeld, Walther Bothe und Walther Gerlach, und
schrieb selbst an alle erdenklichen Stellen: an die Gestapo in
Berlin, an Ludwig Prandtl, den Direktor der Aerodynamischen
Versuchsanstalt in Göttingen, an Regierungsbeamte. Jedesmal
führte er als Argument die Wichtigkeit von Rausch von Traubenbergs Arbeit für das Wohl des deutschen Volkes an wie
auch die Notwendigkeit, daß Maria diese abschließe. ... Ende
Oktober 1944 erfuhr er durch den Physiker Friedrich Möglich,
daß Maria sich in einem Frauensammellager in Berlin befand
und bald nach Theresienstadt geschickt werden sollte. ... Maria Rausch von Traubenberg wurde im Januar 1945 nach Theresienstadt geschickt; sie hatte die offizielle Erlaubnis, die Arbeit am Nachlaß ihres Mannes fortzusetzen. ... Theresienstadt
wurde erst ganz am Ende des Krieges befreit, doch Maria
überlebte, ohne Zweifel dank der Tatsache, daß Hahn und ihre
anderen Helfer sie zu einem besonderen Fall gemacht und ihre
Deportation für eine gewisse Zeit aufgehalten hatten. Im Februar 1946 erfuhr Hahn, daß Maria in England bei ihren beiden
Töchtern war, die bereits vor dem Krieg emigriert waren. Er
war glücklich: >Es ist doch einer der seltenen Fälle, wo wir
durch unser Eintreten vielleicht jemanden haben retten können.<< (S. 26f, www.mpiwg-berlin.mpg.de/KWG/Ergebnisse/
Ergebnisse14.pdf)

39  Am 13. Juli 1945 erscheint der Name Maria von Ploennies in
    der auf Seite 20 im *Aufbau* abgedruckten Liste »von Juden, die
    Mitte April 1945 noch in Theresienstadt gewesen sind«, als
    »Ploennies, Marie v., 60, Seestr. 20«.

40  In der »Pinkas HaNitzolim«-Liste findet sich im »Register of
    Jewish Survivors, Jewish Survivors Found in Theresienstadt«
    ein Rudolf Spaniel. Bei diesem handelt es sich vermutlich um
    dieselbe Person, die im *Aufbau* vom 19. Oktober 1945 in der
    Liste der »Juden im Lager Deggendorf« aufgeführt wird, und
    zwar mit den Angaben »Spaniol, Rudolf (28 6 24), Trier«.

41  Leonard Koopmann gelangte am 25. Juli 1942 mit dem Trans-
    port VII/2 als Gefangener 609 von Düsseldorf nach There-

sienstadt, wo er am 28. Februar 1943 verstarb, wie im *Theresienstädter Gedenkbuch* und im *Gedenkbuch - Opfer der Verfolgung der Juden unter der nationalsozialistischen Gewaltherrschaft in Deutschland 1933-1945* verzeichnet ist.

42  Selma Kahn, geb. Hartoch, wurde am 26. Juli 1942 von Luxemburg nach Theresienstadt deportiert. Von den 27 Personen, die an diesem Tag deportiert wurden, sind 25 als umgekommen dokumentiert. Die Zahl der Toten in Theresienstadt aus dem »Altreich« (Deutschland, Luxemburg, »Sudetengau« und Danzig) betrug bis zum 20. April 1945 laut Adler 20.848 (S. 47).

43  Von den insgesamt 7.407 Kindern im Alter bis 14 Jahren, die nach Theresienstadt deportiert wurden, wurden laut Adler 5.006 von dort aus weiter in andere Lage transportiert.

44  Angaben über Uschi Mendel sind in Yad Vashem verzeichnet. Die Verweise stammen aus dem *Theresienstaedter Gedenkbuch* und dem *Gedenkbuch - Opfer der Verfolgung der Juden unter der nationalsozialistischen Gewaltherrschaft in Deutschland 1933-1945*. Danach wurde Uschi am 12. Januar 1933 in Duisburg geboren. Auch sie traf gemeinsam mit ihren Eltern, Emil und Lilli Mendel, mit Transport VII/2 aus Düsseldorf in Theresienstadt ein. Sie wurde am 4. Oktober 1944 mit ihrer Mutter von dort aus nach Auschwitz deportiert. Uschis Vater hatte dieses Schicksal bereits am 29. September 1944 ereilt.

45  Auch zu Hermi Rechtschaffen finden sich Verweise in Yad Vashem. Sie stammen ebenfalls aus dem *Theresienstaedter Gedenkbuch* und dem *Gedenkbuch - Opfer der Verfolgung der Juden unter der nationalsozialistischen Gewaltherrschaft in Deutschland 1933-1945*. Demnach wurde Hermi als Hermann Rechtschaffen am 31. Januar 1936 geboren und stammte aus Duisburg. Gemeinsam mit seiner Mutter Paula, Pessel genannt, traf auch er mit Transport VII/2 aus Düsseldorf in Theresienstadt ein. Von dort aus wurden sie am 16. Oktober 1944 nach Auschwitz weitertransportiert.

46  Das Buch von Inge Auerbacher wurde ursprünglich in englischer Sprache unter dem Titel *I am a Star* veröffentlicht und bislang in sieben Sprachen übersetzt.

47  Die Erstaufführung von Emanuel Runds Dokumentarfilm mit
    dem Titel »Alle Juden raus!« Judenverfolgung in einer deutschen
    Kleinstadt 1933-1945« fand 1992 statt.

48  Helmut und Frieda Feller werden in der »Sharit haPlatah«-Liste
    aus dem Jahr 1946 als Überlebende von Theresienstadt auf-
    geführt. Helmut wird als 1934 in Berlin geboren, seine Mutter
    Frieda als 1912 ebenfalls in Berlin geboren angegeben. Ihre
    Namen erscheinen auch bereits in der »Pinkas HaNitzolim«-
    Liste im »Register of Jewish Survivors, Lists of Jews Rescued
    in Different European Countries« als in Theresienstadt vor-
    gefundene Überlebende. Aus den verfügbaren Schiffslisten an-
    kommender Passagiere in New York geht hervor, dass Helmut
    und seine Mutter dort am 30. November 1951 eintrafen. Im
    November 2007 gelang es Edith Devries, telefonisch Kontakt
    mit Helmut Feller aufzunehmen. Er bestätigte, dass er eines
    der überlebenden Kinder von Theresienstadt war, erklärte ihr
    jedoch, dass er keine Erinnerungen mehr an seine Zeit dort
    hätte und sich auch nicht an sie erinnern könne.

49  Eine recht ausführliche Darstellung der Vorgeschichte sowie
    der Nacht des Bauschowitzer Kessels liefert Adler (1960): »Ein
    Wetterleuchten der Wahrheit brachte die unvergeßliche ›Volks-
    zählung‹ am 11. November 1943. Durch das beim Abgang von
    Transporten herrschende Chaos hatten sich schon im Jahre
    1942 Fehler in die ›Standführung‹ eingeschlichen. … Im Tru-
    bel der Deportationen, bei denen es zu Machenschaften kam,
    konnte die statistische Übersicht leiden. … Nichts interessierte
    die SS in einem Lager mehr, als daß die gemeldete Anzahl der
    Gefangenen genau stimmte. … [Kommandant Burger] ordne-
    te eine Zählung innerhalb der Quartiere an in der Nacht von
    10. zum 11. und eine zweite unter freiem Himmel im
    Bohušovicer Kessel für den 11. November. Für die Nacht
    wurde von 23 bis 5 Uhr strengste Ausgehsperre verhängt, von
    der nur die Zähler und einige ausdrücklich genannte Funktio-
    näre befreit waren. Während der Zählung durfte in den Häu-
    sern Licht gebrannt werden; umständliche Bogen wurden aus-
    gefüllt. Die Anweisungen und Erklärungen für sie füllten viele
    Seiten. Nicht viele Gefangenen schliefen in dieser unruhigen
    Nacht, zumal die meisten dem nächsten Morgen mit bangen
    Gefühlen entgegensahen. Zur Zählung unter freiem Himmel
    hatte jung und alt anzutreten. … Nach einem in allen Einzel-

heiten festgelegten Plan trat man in den Höfen zwischen 5.30 und 9.30 Uhr an; je eine halbe Stunde später wurde abmarschiert. Wegen der Nervosität der Hausältesten und anderer Funktionäre wurde jedoch schon früher angetreten, was zur Pein des schweren Tages nicht wenig beitrug. Jeder bekam etwas Brot, Margarine, Leberpastete und Zucker als Tagesration, denn es wurde nicht gekocht. Besorgnisse wurden laut, namentlich ältere Leute glaubten nicht mehr an eine Rückkehr; es sah nach einer Auflösung des Lagers aus. Manche bepackten sich mit Habseligkeiten, Decken, Eßgeschirr und Wäsche. Greise waren so behangen, daß sie sich fast nicht mehr bewegen konnten, und nur schwer ließen sie sich ein wenig beruhigen und überreden, nicht so viel mitzuschleppen, sie würden abends wieder in ihren Stuben sein. Man glaubte das nicht, und fast schien der Tag die Befürchtungen zu bestätigen. Nach stundenlangem Warten zog man los. Zur Ordnung des Abmarsches und zur Aufstellung auf dem feuchten Felde jenseits der Festungsmauern waren Angehörige der verschiedenen Sicherheitsformationen unter dem Kommando des berüchtigten Mandler bestellt, der sich auch diesmal, wie früher bei den Verschickungen aus dem ›Protektorat‹, unrühmlich auszeichnete. Seine Leute waren an hohen weißen Papierturbanen kenntlich, in denen sie, komisch genug, wie Köche aussahen. Auf dem Wege zählten sie wiederholt die vorüberströmenden Menschenreihen und postierten sie auf den Feldern, wo an nummerierten Holztafeln kenntliche Plätze eine gruppenweise Zählung erleichtern sollten. Niemand durfte seinen Platz verlassen. Seitwärts wurde eine Gruppe mit mindestens hundert Tragbahren aufgestellt. Das Feld war mit Gendarmen umstellt, die ihre Gewehre in Anschlag gegen den Menschenhaufen halten mußten. Es war ein unfreundlicher Novembertag, kühl, feucht und nebelig. Nach vielen Stunden trafen endlich SS-Männer auf Motorrädern ein, gingen die Reihen ab, zählten und verzählten sich und begannen von neuem - sie haben gewiß nicht den richtigen ›Stand‹ errechnet. Es war nicht wie bei einem Zählappell im Konzentrationslager, bei dem die einzelnen Gruppen die nachher überprüfte Zahl selbst meldeten. Hier zählte nur die verärgerte SS. Bald hagelte es Ohrfeigen, wenn jemand nicht ordentlich in der Reihe stand. Manche mußten sich selber ohrfeigen. Nach etwa zwei Stunden zog die SS um 17

Uhr ab, doch folgte kein Befehl und keine Erlaubnis zur Heimkehr. Man blieb weiter stehen und durfte nicht austreten, um seine Bedürfnisse zu befriedigen. Es wurde kälter, es begann zu regnen, Greise und Kinder froren und wurden naß bis auf die Haut. Bald war es dunkel, und weitere Stunden vergingen. Die Menge wurde immer erregter und von arger Angst ergriffen. Viele hielten es nicht aus und brachen zusammen. Außer von Mensch zu Mensch gab es keine Hilfe. Nachdem man etwa fünfzehn Stunden gestanden hatte, wurde endlich um 20.30 Uhr aufgebrochen, doch wußte niemand, ob man eigentlich nach Hause dürfte, denn angesagt wurde nichts, und Mandler mit seinen Gesellen war verschwunden. Niemand leitete die Rückkehr, die Menschen gerieten in Panik und drängten in einem wüsten Durcheinander in der Richtung zum einzigen Ausgang aus diesem Kessel. Das Rückfluten von über 30 000 Menschen dauerte mehrere Stunden und wurde nur ein wenig von einigen vernünftigen GW-Männern an der ganz verstopften Ausgangsstelle gezügelt, um ärgstes Unheil zu verhüten. Um 11 Uhr nachts erst war die Rückkehr in die Stadt halbwegs beendet, aber viele ältere und kranke Menschen waren zurückgeblieben, weil sie nicht mehr gehen konnten. Sie hatten sich im Dunkel in die halbfertigen ›Südbaracken‹ geschlichen, wo sie hilflos lagen und auch einschliefen. Die ganze Nacht über mußte man sie bergen; die Männer mit den Tragbahren, die den Tag und den Abend über untätig zuschauen mußten, hatten viel zu tun. So endete der einzige Ausflug aus dem ›Ghetto‹, der für Zehntausende der einzige Ausgang aus der Festung während der Lagerjahre blieb. Schwere Erkältungen, Lungenentzündungen und andere Krankheiten waren die Folgen des bösen Tages. Manche starben gleich oder bald nach der Zählung. Das Lager geriet für mehrere Tage durcheinander; man war übermüdet, die Betriebe gestört, die Küchen funktionierten schlecht, und die Brotzuteilung kam erst nach vielen Tagen wieder in Ordnung. Ratenweise wurden die zustehenden Mengen ersetzt. Die Zählung aber war mißlungen. Man ordnete für die Tage vom 19. bis zum 24. November eine weitere an, die alphabetisch vor sich ging. Die Bettlägrigen wurden aufgesucht, die übrigen mußten in Gruppen antreten und wurden nach ungefähr zweistündiger Wartezeit an die Schalter der ›Bank‹ geführt, die ihre normale Arbeit unterbrechen mußte, und hier wurde unter Kontrolle der Personalausweise von jüdischen Funktionären und SS-Männern gezählt. Nach dieser Zählung errechnete man für den 30. November 1943 40 145 Gefangene.«

50 Adler (1960) berichtet ausführlich von den Vorbereitungen und den Maßnahmen zur»Verschönerung«, die ab Ende 1943 im Vorfeld des Besuchs des Roten Kreuzes im Juni 1944 durchgeführt wurden. Auch den Rundgang der Kommission beschreibt er und wie geschickt und erfolgreich dabei die tatsächlichen Verhältnisse in Theresienstadt verheimlicht wurden (S.165-185).

51 Auch Jenny Bier wird von Adler (1960), wie Filip Schwarzkopf und Flora Schweizer, in einem Beispiel für Plakate aufgeführt (siehe Anmerkung 30). Darüber hinaus wird sie im *Aufbau* vom 29. Juni 1945 in der Liste der»Juden in Theresienstadt« folgendermaßen erwähnt:»Bier, Jenny, 55.« In den Schiffslisten der in New York ankommenden Passagiere findet sich ein Eintrag, der sich ebenfalls auf dieselbe Jenny Bier zu beziehen scheint. Danach traf sie am 20. Mai 1952 62-jährig mit dem Schiff»SS America« aus Le Havre kommend in New York ein. Allerdings wird im *Aufbau* vom 7. September 1945 eine andere Jenny Bier in der fünften Liste der Rückwanderer unter der Überschrift»Ziel: Duisburg« erwähnt. Für diese wird als Geburtsdatum»28. 12. 79« angegeben.

52 Der Originaltext ist hier unverändert, d. h. ohne Korrektur, wiedergegeben. Selbiges gilt für die beiden anderen, im Folgenden aufgeführten ›Arbeitszeugnisse‹.

53 Das Zitat stammt von Johann Wolfgang von Goethe.

54 Das Zitat stammt von Johann Wolfgang von Goethe.

55 Das Gedicht stammt von Emanuel Geibel.

56 Das Gedicht stammt von Ludwig Uhland.

57 In der»Pinkas HaNitzolim«-Liste wird Julie Devries unter den »Jewish Survivors Found in Theresienstadt« aufgeführt. In der »Sharit haPlatah«-Liste werden Max, Julie und Edith Devries mit ihren Geburtsjahren und als Geburtsort »Wecze« aufgeführt. Am 9. November 1945 erscheinen die Namen in der im *Aufbau* abgedruckten elften Liste der»Rückwanderer« aus Theresienstadt unter der Rubrik »Ziel: Rheinprovinz« folgendermaßen:»Devries, Edith, 25. 10. 35 (nach Weese); Devries, Julie, 25. 8. 95 (nach Weese); Devries, Max, 3. 2. 90

(nach Weese)«. Unklar ist, um wen es sich bei der ebenfalls dort aufgeführten »Duenner, Anna, 1889 (nach Weese)« handelt.

58 Im *Aufbau* vom 7. Dezember 1945 finden sich in der »Neue[n] Berliner Liste« die folgenden Angaben:»Leske geb. Simon, Minna, Berlin, 22. 12. 93. N. Linienstr. 222«. Nach den in Yad Vashem verzeichneten Angaben war Minna Leske mit Salomon »Sally« Leske verheiratet, der 1882 geboren wurde und im Juli 1942 in Sachsenhausen umkam.

59 Der Originaltext ist hier unverändert, d.h. ohne Korrektur, wiedergegeben.

60 Auch hier ist der Originaltext unverändert wiedergegeben.

61 Auch hier ist der Originaltext unverändert wiedergegeben.

62 Das Schicksal von Leni Valk ist durch den unermüdlichen Einsatz ihrer Mutter Erna in Goch bekannt und sehr gut dokumentiert. Die Gocher Realschule sowie eine Gocher Straße sind nach Leni benannt und eine Gedenkplakette erinnert am Portal der dortigen Stiftskirche an das Mädchen, das im Mai 1943 im Alter von neun Jahren in Sobibor umkam.

63 Grete Bruchs erster Mann war Emil Meyer, ihre Kinder hießen Edith und Gideon und waren 1937 bzw. 1939 geboren. Die gesamte Familie wurde am 10. Dezember 1941 nach Riga deportiert. Grete starb 1956 im Alter von 44 Jahren. Auf den bereits erwähnten Internetseiten der Gesamtschule Mittelkreis in Goch (siehe Anmerkung 6) finden sich umfassende Informationen zum Schicksal der Familie sowie Fotos.

64 Am 20. Juli 1945 erschienen die Namen der Eheleute Bütow in der im *Aufbau* abgedruckten Liste »Deutsche Juden in Brüssel« mit den Angaben: »Buetow, Bruno, 213 rue de Coteaux, 9. 8. 1895, und Buetow-Heyer, Lisbeth«. Am 19. Oktober 1945 erschien der Name Bruno Bütow mit demselben Geburtsdatum in der im *Aufbau* abgedruckten Liste von »Juden in Düsseldorf«. In einer vom Gelderner Lise-Meitner-Gymnasium ins Internet gestellten Liste jüdischer Gelderner finden sich Einträge für das Ehepaar Bütow mit den folgenden Angaben: »Bütow, Bruno, Brühlscher Weg 79, Kaufmann, Tabakfabrikant, geb. 09.08.1895 gest. 14.12.1949«, »Heyer, Lisbeth Maria, geb. 14.11.1900, gest. 15.06.1977«. Ihre beiden Töchter

werden nicht erwähnt. (http://www.kle.nw.schule.de/
lmg/juden/juden_in_geldern.htm)

65  Auch Ernst Simons war Holocaustüberlebender. Er wurde
1943 mit seiner Frau von Westerbork nach Bergen-Belsen deportiert. Seine Eltern und Brüder kamen in Auschwitz um.
Nach seiner Rückkehr nach Köln war er eine treibende Kraft
im Wiederaufbau der jüdischen Gemeinde. Ernst Simons starb
2006.

66  Wilhelm Unger wurde 1904 geboren. Er lebte in Köln und war
Journalist und Schriftsteller. Auch Wilhelm Ungers Vater war
ein Veteran des Ersten Weltkriegs, und auch seine Eltern gehörten zu den Überlebenden von Theresienstadt. Ende 1956
kehrte er aus England, wohin er 1939 geflohen war, nach Köln
zurück und arbeitete dort hauptsächlich als Feuilleton-
Redakteur für den Kölner Stadt-Anzeiger und den WDR. 1964
heiratete Wilhelm Unger Ruth Löwenhaupt, die schon sechs
Jahre später starb. Wilhelm Unger verstarb 1985.

67  Felix Freiherr von Vittinghoff-Schell zu Schellenberg wurde
1910 geboren und war Jurist. Als Abgeordneter der CDU gehörte er von 1961 bis 1969 dem deutschen Bundestag an. Er
verstarb 1992.

68  Für Ludwig und Jenny Devries lässt sich anhand der verfüg-
baren Schiffslisten von ankommenden Passagieren in New
York feststellen, dass sie dort am 24. Juli 1950 mit dem Schiff
»Puerto Rico« eintrafen.

69  Über die Jahre nach ihrer Flucht nach Holland bis zu ihrer
Befreiung berichtet Marga Szwarcbard in dem bereits e-
wähnten Interview mit dem Jewish Holocaust Museum and
Research Centre folgendermaßen: »Meine Schwester Henny
und ich kamen in Holland nach unserer Ankunft in ein
jüdisches Mädchenheim in Nimwegen, mein Bruder Herbert
kam als Junge in ein anderes Heim. Dies wurde von Verwandten arrangiert, die selber zu viele Probleme hatten, als
dass sie sich um uns hätten kümmern können. In unserem
Kinderheim waren viele jüdische Kinder verschiedenen Alters
aus ganz Deutschland untergebracht, zum Beispiel auch
Karola und Herbert Gerson, die mit meiner Tante Jenny verwandt waren. Sie kamen später um. Wir waren ein Jahr lang in
diesem Kinderheim. Ich sprach bald fließend holländisch, weil
ich bereits von früheren Besuchen bei meinen holländischen

Verwandten einige Sprachkenntnisse hatte. Wir hatten damals noch Kontakt mit unserer Mutter. Sie schickte uns Briefe und Kleidung. Dann lebte ich mit meinen Geschwistern kurze Zeit in Deventer bei einem Vetter meiner Mutter. Danach wurden mein Bruder und ich nach Scheveningen geschickt, meine Schwester kam in Den Haag in eine Pflegefamilie. Mein Bruder wurde dann nach Winterswijk weitergeschickt, um dort auf eine technische Schule zu gehen. Eine Freundin meiner Mutter in Scheveningen, Frau Moll, hielt den Kontakt zu meiner Mutter aufrecht, indem sie ihr über das Rote Kreuz Nachrichten schickte. Als die Deutschen in Holland einmarschierten, wurde die Lage für uns wesentlich gefährlicher. Die Deutschen bestimmten, dass Juden nicht an der Küste leben durften, und so mussten wir ins Landesinnere ziehen. Ich kam zunächst bei einer anderen jüdischen Freundin meiner Mutter und ihrer Familie in Zutphen unter. Während ich bei ihnen lebte, lernte ich Bram, einen jungen jüdischen Mann aus Aalten, beim Tischtennisspielen kennen. Ende 1941 entschieden Bram und ich uns, dass wir uns verstecken mussten. Weil seine Familie sehr religiös war, kam es nicht in Frage, dass Bram und ich gemeinsam versteckt sein würden. Bram versteckte sich daher mit seinen Eltern und zwei Brüdern. Ich versteckte mich zusammen mit Brams Schwester, Lina, und ihrem Mann, John, auf einem Bauernhof. Das ganze wurde spontan organisiert, ich hatte keine Gelegenheit, meine Sachen zu packen, sondern musste gleich mit ihnen fahren. Die Bauern waren mutig, uns zu verstecken, aber wir bezahlten sie auch sehr gut dafür. Zum Glück hatte ich durch meine Mutter und Verwandten ausreichend Geld erhalten. Als ich mich entschloss, mich zu verstecken, sagte mein Bruder, er hätte genug davon, immer wegzurennen, und wäre nicht bereit, sich ebenfalls zu verstecken. Die Pflegeeltern meiner Schwester behandelten sie wir ihr eigenes Kind, und es kam daher nicht in Frage, dass sie sich mit mir verstecken würde. Mein Vater hielt sich in Hoek van Holland in einem Flüchtlingslager auf und hoffte, von dort aus ausreisen zu können. Ich besuchte ihn dort noch, bevor ich untertauchte. Er machte sich natürlich große Sorgen um uns alle. Mein Vater und meine Geschwister wurden schließlich über Westerbork nach Auschwitz deportiert und kamen dort um. Lina, John und ich teilten uns bei den Bauern ein Zimmer, das durch eine geheime, als Schrank getarnte Tür mit einem kleinen Versteck verbunden war. Wir schliefen gemeinsam auf einer Matratze. Wenn es eine Gefahr gab, betätigten die Bauern eine Türklingel. Dann mussten wir schnell alles aus dem Zimmer entfernen und uns in das Versteck hinter dem Schrank begeben. Der Arzt im Ort suchte uns heimlich nach Mitternacht auf und auch der Anführer des Widerstands im Ort besuchte uns sowie der örtliche protestantische Pfarrer. Selbst der Leiter der Polizei suchte uns auf. Sie alle wussten, dass wir bei den Bauern versteckt waren, und sie versorgten uns. John gelang es, aus der Bibliothek Bücher zu uns schmuggeln zu lassen, wodurch wir gemeinsam Englisch lernen konnten. Lina war bereits schwanger, als wir bei den Bauern eintrafen, und nach etwa sechs Monaten bekam sie ihr Kind. Aber sie konnte es nicht behalten, weil die Gefahr zu groß war, dass die Arbeiter auf dem Bauernhof es würden schreien hören. Daher wurde das Baby, das an einer Lungenentzündung erkrankt war, eines Nachts vom Anführer des Widerstands abgeholt. Er legte es dann wie ein Findelkind vor seine eigene Haustür. Als die Deutschen zu ihm kamen, behauptete seine Tochter, sie wäre aufgrund einer Affäre mit einem deutschen Soldaten versehentlich schwanger geworden. Ein deutscher Militärarzt wurde hinzugezogen und bestätigte, nachdem er den Kopf des Kindes vermessen hatte, dass es sich um ein arisches Kind handelte. Die Tochter kümmerte sich dann bis zum Kriegsende um das Baby. Sie besuchte uns sogar ein paar Mal in unserem Versteck, damit die Eltern ihr Kind einige Minuten sehen konnten. Aus dem Kind, Ronny, wurde später ein sehr erfolgreicher Arzt in New York. Nach einiger Zeit auf dem Bauernhof mussten wir in ein anderes Versteck umziehen. Die Bauern waren zu nervös geworden, dass die Deutschen herausfinden könnten, dass wir bei ihnen versteckt waren. Sie wären dafür auf der Stelle erschossen worden. Also zogen wir zu einer Familie, die ein Haus im Ortskern bewohnte. Um dorthin zu gelangen, wurden wir per Kutsche, unter einem großen Ballen Heu versteckt, dorthin gebracht. Wir konnten kaum atmen. Unterwegs wurde der Bauer von den Deutschen angehalten, und sie stachen mit Mistgabeln in das Heu. Wir waren uns sicher, dass sie uns finden und umbringen würden. Doch sie entdeckten uns nicht. Wir kamen dann bei einer sehr religiösen protestantischen Familie mit drei Kindern unter. Sie halfen uns aus Nächstenliebe, nicht für Geld. Wir bekamen bei ihnen besseres Essen als auf dem Bauernhof, und sie gaben uns auch Zeitungen zu lesen. Tagsüber konnten wir uns in einem Raum im ersten Stock aufhalten, nachts schliefen wir auf dem Dachboden. Dann wurden plötzlich zwölf deutsche Soldaten in dem Haus, in dem wir versteckt waren, einquartiert. Vier Wochen lang blieben sie. Nur wenn sie nicht da waren, konnten wir uns bewegen und Essen erhalten. Kurz bevor die Befreiung kam, fielen dann plötzlich Bomben, und Granaten landeten im Garten hinter dem Haus. Die Familie, die uns versteckte, sagte, wir müssten zu ihnen in den Keller kommen, in dem sie sich vor den Bomben in Sicherheit brachten. Aber wir machten uns Sorgen, dass wir als Juden erkannt werden würden. Doch als die Deutschen plötzlich abzogen, rief uns die Familie herunter und wir trauten uns vorsichtig aus unserem Versteck heraus. Im nächsten Moment waren von überall Freudenrufe zu hören, weil die englischen Soldaten eingetroffen waren. Sie kümmerten sich um uns, und später kamen auch jüdische Soldaten von der Jewish Brigade. Es war für uns überwältigend, endlich befreit worden zu sein.«

70 Adolf de Jong wurde am 11. Februar 1882 in Ahaus geboren, sein Sohn Herbert am 9. November 1923 und seine Tochter Henny am 11. November 1926, beide ebenfalls in Ahaus. Alle drei kamen in Auschwitz um. In der niederländischen Liste »In Memoriam - Nederlandse oorlogsslachtoffers« wird der 17. September 1943 als das Todesdatum von Adolf und Henny, der 29. Februar 1944 als das Todesdatum von Herbert angegeben. Sie sind auch im *Gedenkbuch - Opfer der Verfolgung der Juden unter der nationalsozialistischen Gewaltherrschaft in Deutschland 1933-1945* aufgelistet. Nach Angaben des »Digital Monument to the Jewish Community in the Netherlands« befand sich Henny am 1. Dezember 1942 noch im »Voormalig Rotterdams kindertehuis«, einem 1940 nach Arnheim verlagerten Kinderheim. Am 11. Dezember 1942 wurden alle Kinder in das Lager Westerbork deportiert. Derselben Quelle lässt sich entnehmen, dass Herbert vor seiner Deportation bei der Familie des zwei Jahre jüngeren Eliazar Philips in Winterswijk untergekommen war. Im April 2002 wurde dort ein Mahnmal enthüllt, auf dem neben 215 anderen Personen auch Herberts Name als jüdisches Opfer des Holocaust aufgelistet ist.

71 Nach den im australischen Nationalarchiv verfügbaren Angaben kam Margas Mann Mischa am 5. November 1948 zunächst alleine per Schiff in Melbourne an. Marga folgte ihm dorthin am 19. Januar 1949. Frieda de Jong schließlich gelangte am 5. September 1950 per Flugzeug nach Australien.

72 Im *Memorial des Großherzogtums Luxemburg* vom 26. Mai 1956 finden sich die folgenden Angaben zu Berthe Loewenstein, geborene Hartoch, und ihren Töchtern Margot und Edith in einer Liste von Personen, für die Anträge auf gerichtliche Todeserklärung gestellt wurden: »Loewenstein-Hartoch Berthe, geb. am 7.2.1899 in Luxemburg-Hollerich, nach Polen deportiert am 16.10.1941; Loewenstein Margot, geb. am 9.9.1924 in Munchen-Gladbach, nach Polen deportiert am 16.10.1941; Loewenstein Edith, geb. am 2.2.1928 in Munchen-Gladbach, nach Polen deportiert am 16.10.1941.« Aus den in der Publikation *Etoile juive au Luxembourg* verfügbaren Details wird deutlich, dass die hier erwähnte Deportation als Ziel Litzmannstadt, d.h. das Ghetto Lodz, hatte. 512 Juden trafen dort am 18. Oktober 1941 aus Luxemburg kommend ein. In »Lodz Names - List of the ghetto inhabitants 1940-1944« werden Berthe und ihre Töchter ebenfalls erwähnt. Danach lebten sie im Ghetto in der Richterstraße 11/13. Für Edith ist der 14. September 1942 mit dem Zusatz »AUSG«, dem Kürzel für Deportationen nach Chelmno, dokumentiert. Sie kam danach im Alter von 13 Jahren um. Margot starb am 28. August 1943 im Alter von 18 Jahren im Ghetto. Für Berthe ist der 3. Juli 1944 als Tag ihres Weitertransports nach Chelmno dokumentiert. Sie war 44 Jahre alt. Leider ist bislang nicht bekannt, wer Berthes Mann war. Im *Memorial des Großherzogtums Luxemburg* vom 3. Dezember 1946 wird bekannt gegeben, dass für »Marx-Hartoch Alice, geb. in Luxemburg am 7.11.1903, früher in Luxemburg« das Verfahren auf gerichtliche Todeserklärung eingeleitet wurde. Hierbei handelt es sich um Sigmunds jüngere Tochter, die mit demselben Transport wie ihre Schwester und Nichten ins Ghetto Lodz deportiert wurde und dort mit ihnen nach den Angaben im »Lodz Names - List of the ghetto inhabitants 1940-1944« gemeinsam lebte. Das Datum von Alices Weitertransport nach Chelmno wird als der 5. Juli 1944, nur zwei Tage nach ihrer Schwester, angegeben. Alice war 40 Jahre alt. Wer Alices Mann war und ob sie selbst auch Kinder hatte, ist bislang nicht bekannt.

73 Informationen zu Selmas Tochter Bertha Ermann, geborene Kahn, ihrem Mann Leo und ihrer Tochter Sonja finden sich in »Lodz Names - List of the ghetto inhabitants 1940-1944« und in der Publikation *Etoile juive au Luxembourg.* Danach wurden sie, wie bereits erwähnt, am 16. Oktober 1941 gemeinsam mit Sigmunds Töchtern und Enkelinnen von Luxemburg ins Ghetto Lodz deportiert. Dort lebten sie in der Storchengasse 12. Berthas Beruf wird als Schneiderin angegeben. Sie wurde am 9. September 1910 geboren und ist am 30. Juni 1944 mit dem Kürzel für Deportationen nach Chelmno aufgeführt. Ihr Mann Leo, der am 8. September 1900 geboren wurde, war bereits am 14. April 1942 im Alter von 41 Jahren im Ghetto gestorben. Auch Berthas Tochter Sonja, am 5. August 1938 geboren, war kaum ein halbes Jahr nach ihrem Vater, am 11. November 1942 gestorben. Selmas jüngste Tochter, Erna Kahn, die am 28. August 1919 geboren worden war, gelangte mit ihren Verwandten im Transport vom 16. Oktober 1941 nach Lodz. Keine zwei Monate später, am 12. November 1941, wurde sie in das Vernichtungslager Chelmno weitertransportiert.

74 Der Originaltext ist hier unverändert, d. h. ohne Korrektur, wiedergegeben.

75 In Herbert Leppers Publikation *Von der Emanzipation zum Holocaust. Die Israelitische Synagogengemeinde zu Aachen 1801-1942* (Aachen, 1994) finden sich unter der Überschrift »Die Insassen des Ghettos Eupenerstr. 249« die folgenden Angaben zu Emma:»Hartoch, Emma Sara, geb. Hartoch, Ehefrau v. Oskar H., Beruf: ohne, *01.08.1875 in Aachen, Tag des Zuzugs [in die Eupenerstr.] 25.03.1941, Staatsangehörigkeit: D.R., Konfession: jüdisch, Familienstand: gesch., frühere Wohnung: Lousberg 4, Auszug [aus Eupenerstr.]: 25.07.1942, neue Wohnung: Theresienstadt« (S. 1668). Ebenfalls in Lepper (1994) finden sich im »Verzeichnis der in Aachen lebenden Juden« von Anfang August 1935 Einträge für Emma Hartoch, ihren Sohn Heinz und seine Frau Irma und Emmas Enkel Günther, und zwar alle mit derselben Adresse, nämlich Alfonsstr. 4.

76 Oskar Hartoch wird noch 1940 im Adressbuch der Stadt Aachen mit den folgenden Angaben aufgeführt:»Hartoch, Oskar Israel, kfm. Angestellter, Rehmplatz 4«.

77 In der bereits erwähnten Aufnahme des North West Sound Archive schildert Hilde Homer, wie es zu ihrer Heirat mit Bob kam:»Mir war klar, dass für mich als Ehemann nur ein Jude in Frage kam. Doch sechs Wochen nachdem meine Mutter verstorben war, lernte ich mit siebzehn Jahren meinen späteren Mann Bob kennen. Niemals hätte ich mit ihm nach Hause kommen können, wenn meine Mutter noch gelebt hätte. Dabei ging es nicht so sehr um das Religiöse, sondern hauptsächlich um die jüdischen Enkelkinder, die sich im Alter um sie gekümmert hätten. Es war eine jüdische Tradition, die alten Eltern zu ehren und bei sich aufzunehmen, statt sie ins Altersheim zu geben. Vater war im Vergleich dazu recht modern und hatte nicht die Erwartungen meiner Mutter. Ich traf Bob, als ich eines Tages mit ein paar Freundinnen zu einem Strandbad am Rhein in der Nähe von Königswinter fuhr, als er für drei Tage als Besucher im Ort war. Bob war viel älter als ich und hatte schon eine Halbglatze. Aber er hatte ein nettes Gesicht und eine schöne, gut ausgebildete Gesangsstimme. Ich konnte sein Englisch sehr gut verstehen, und es machte mir große Freude, zum ersten Mal mit jemandem zu sprechen, für den Englisch die Muttersprache war. Ein Jahr lang schrieben wir uns gegenseitig Briefe und lernten uns so ganz gut kennen. Schließlich entschied mein Vater, dass Bob ein jüdisches Herz hätte, auch wenn ihm die jüdische Religion fehlte. Seine Einstellung gefiel ihm. Ich wollte ja vor allem raus aus Deutschland. Und Bob war eine Chance rauszukommen. Zu Ostern 1933 kam Bob zum wiederholten Male nach Königswinter. Wir gingen zum Standesamt, wo mich jeder kannte. Der Bürgermeister riet mir, so schnell wie möglich zu heiraten. Er sagte voraus, dass den Juden die Pässe abgenommen werden würden und sie Deutschland dann nicht mehr verlassen könnten. Ich erhielt 80 Glückwunsch-Telegramme zur Hochzeit von all den Leuten in Königswinter. Gleich nach dem Festessen verließen Bob und ich Königswinter.« (Von Ruth Bader sinngemäß ins Deutsche übersetzt.)

78 In der Aufnahme des North West Sound Archive erläutert Hilde die damalige Situation folgendermaßen:»Als die Nazis an die Macht kamen, wollte Vater nicht das Land verlassen. Er war sich sicher, dass ihm als Bürger von Königswinter nichts widerfahren würde. Es gab vor den Nazis in Königswinter auch Antisemitismus von Seiten ungebildeter, armer Leute, die

uns auf der Straße ›Jude! Jude!‹ und andere dumme Sprüche nachriefen. Mein Bruder und ich waren die einzigen jüdischen Kinder im Ort. Ein Mal ging ich auf die Jugendlichen, die uns ärgerten, mit einem Lederriemen los, da war ich so etwa zehn Jahre alt. Meine Mutter regte sich sehr darüber auf und sagte, es gehöre sich nicht, sich als Mädchen so aufzuführen. 1931 kam eines Tages die Polizei zu uns ins Haus und nahm meinen Vater mit. Sie sagten, sie hätten einen jungen Mann, der behauptete, mein Vater hätte ihn in seinem Ledergeschäft sexuell missbraucht. Ich war damals 18 Jahre alt. Mein Vater war entsetzt. Nach zwei Stunden kam er aus dem Gefängnis zurück, nachdem sich sowohl der evangelische als auch der katholische Pastor für ihn eingesetzt hatten. Dahinter steckten die Nazis, die den Jungen dafür bezahlt hatten. Dann fingen einige Leute an, ihre Rechnungen nicht zu zahlen. Ich musste immer rundgehen und das Geld einsammeln. Und dann passierte es ein paar Mal, dass mir jemand sagte: ›Wir bezahlen bei Juden nicht.‹ Nach der Schule in Königswinter ging ich dann zur Wirtschaftsschule in Bonn. Meine Freundin dort, Maria, kam auch zur Beerdigung meiner Mutter. Aber 1932 kam sie uns eines Tages besuchen und sagte plötzlich: ›Hilde, ist dir klar, dass die Matzen, die ihr esst, aus dem Blut von Babies gemacht werden?‹ Ich fragte sie, wie sie so etwas glauben könne, nachdem sie doch schon so oft bei uns gewesen war. Doch sie erwiderte nur: ›Na, vielleicht weißt du ja nichts davon.‹ Daraufhin sagte ich ihr, dass sie uns nie wieder besuchen solle. Ihre Familie las den Westdeutschen Beobachter, die Nazi-Zeitung in unserer Region. Damals glaubten die Leute, dass das, was in der Zeitung steht, wahr ist. Mein Vater wollte niemandem etwas Böses. Als uns in der Nazizeit Leute auf dem Bürgersteig anrempelten, sagte Vater zu mir: ›Bete für sie, das sind ungebildete Leute.‹ Auch als wir später nach dem Krieg nach Königswinter zurückkamen, sagte er nichts, obwohl wir beide genau wussten, wer von den Leuten alles Nazis gewesen waren. Die Nazis schlossen schließlich das Geschäft meines Vaters, schmierten einen Davidstern auf das Schaufenster und stellten davor zwei Männer in Uniform auf, damit niemand mehr dort einkaufen würde. Später kamen dieselben Männer hintenrum durch den Garten zu meinem Vater, entschuldigten sich bei ihm und erklärten, man hätte sie dazu gezwungen. Vater hatte sogar Mitleid mit ihnen. Die Leute in Königswinter waren über die Behandlung meines Vaters so empört, dass er nach diesem Vorfall sogar mehr Kunden hatte als vorher. Erst 1939 gab mein Vater endlich meinem Drängen nach und kam zu uns nach England. Bereits 1938 hatte ich einen Brief vom Bürgermeister in Königswinter erhalten. Er sagte darin, meinem Vater wäre alles genommen worden, und er lebte jetzt mit seiner Schwester Rosa in zwei Zimmern. Und wenn ihnen nicht gutherzige, mutige Menschen täglich etwas zu essen auf die Stufen legen würden, so würden sie verhungern. Vaters Bankkonto wäre gesperrt worden, und Tante Rosa und er säßen nun da, ohne dass sie jemand besuchte oder mit ihnen spräche.« (Von Ruth Bader sinngemäß ins Deutsche übersetzt.) Vgl. auch van Rey (1985), S. 145.

79 Hilde berichtet allerdings in der Aufnahme des North West Sound Archive von den Schwierigkeiten ihres Vaters, sich sprachlich zurechtzufinden:»Mein Vater konnte mit dem Umzug nach England recht gut umgehen, er war ja so ausgeglichen und flexibel. Doch es war ein großes Glück, dass meine Mutter gestorben war, bevor die Nazis an die Macht kamen. Denn sie hätte sich nicht so leicht wie mein Vater in England eingewöhnen können. Weder meine Mutter noch mein Vater sprachen Englisch. Er lernte es auch später nie. Als der Zweite Weltkrieg England schließlich erreichte, kam die Polizei zu uns und sagte, sie müsse die Unterlagen meines Vaters inspizieren, um sicherzustellen, dass er kein deutscher Spion wäre. Vater wurde dann vier Wochen lang interniert. Das war recht beängstigend für ihn, weil er ja kein Englisch sprach. Als man in entließ, gestaltete sich die Rückreise für ihn wegen seiner mangelnden Sprachkenntnisse als recht beschwerlich. Stundenlang saß er auf einem Bahnhof, weil er nicht wußte, wie er von dort aus zu uns kommen konnte. Schließlich sprach ihn ein Priester an und fand heraus, wohin er reisen wollte. Endlich in Accrington eingetroffen, wo wir wohnten, erkannte ihn eine Bekannte als meinen Vater und brachte ihn nach Hause.« (Von Ruth Bader sinngemäß ins Deutsche übersetzt.)

80 In der Aufnahme des North West Sound Archive erläutert Hilde näher, was ihrem Bruder Heinz widerfahren war:»Mein Bruder Heinz leitete damals in den 30er Jahren in Leipzig ein Herrenbekleidungsgeschäft. Ende 1938 wurde er, wie so viele

jüdische Männer, verhaftet. Man brachte ihn nach Buchenwald. Ich ging zu Major Procter, unserem Abgeordneten im englischen Parlament, um ihn zu bitten, mir bei der Suche nach meinem Bruder zu helfen. Durch ihn fanden wir heraus, wo Heinz war. Dann erhielt ich einen Brief meines Vaters, der damals noch in Königswinter war, in dem er mir mitteilte, dass mein Bruder eine Zugfahrkarte nach Schanghai vorzulegen hätte, um Buchenwald verlassen zu dürfen. Das war die teuerste Fahrkarte, die bei der Deutschen Reichsbahn damals zu kaufen war. Meinem Vater gelang es, durch einen Freund auf sein Haus in Königswinter eine zweite Hypothek aufzunehmen. Dadurch konnte er die Fahrkarte bezahlen. Heinz fuhr zunächst nach Königswinter, packte dort einige Sachen und reiste danach nach London weiter. Er hatte einen Pass, mit dem er das Land nur ein Mal verlassen, also nicht mehr zurückkehren durfte. Bob fuhr nach London, um Heinz dort abzuholen. Er fand ihn in einem sehr schlechten Zustand vor, nicht so sehr körperlich, sondern psychisch. Später erzählte er uns, dass man ihn in seinem Geschäft verhaftet und sofort, ohne dass er irgendwelche Sachen hatte packen können, per Zug ins Konzentrationslager Buchenwald gebracht hatte. Er bekam dort das Essen mit anderen Häftlingen in einem Schweinetrog vorgesetzt. Geschlafen wurde auf Holzgerüsten. Heinz schlief oben und konnte durch ein kleines Loch im Dach, wenn es regnete, etwas Wasser trinken. Es war Winter und die Gefangenen mussten jeden Morgen zwei Stunden lang barfuß Appell stehen. Diejenigen, die anderen halfen, die umfielen, wurden erschossen. Die, die umfielen, wurden einfach in eine Grube geschmissen. Bevor sie Heinz entließen, rasierten die Nazis ihn am ganzen Körper, seine Schamhaare wurden ihm mit Pinzetten rausgerissen. Er musste da liegen, ohne sich zu wehren. Vater hatte in der Nähe von New York einen Vetter, dem ich schrieb, was Heinz widerfahren war, und um ein Leumundszeugnis für meinen Bruder bat, damit er nach Amerika einwandern konnte. Zwei Monate später, Heinz hatte sich inzwischen wieder erholt, reiste er dorthin. Nach 1 ½ Jahren in Amerika wurde er in die Armee eingezogen. So traf er mit den ersten amerikanischen Soldaten, die Deutschland betraten, dort ein. Das hatte nichts damit zu tun, dass er ursprünglich aus Deutschland kam, es war Zufall. Heinz war Quartiermeister, und es war ihm eine große Genugtuung in

217

dieser Funktion in das Haus eines Nazis gehen zu können und ihm zu befehlen, es innerhalb von 24 Stunden zu verlassen, damit dort amerikanische Soldaten einquartiert werden könnten. Wann immer er Urlaub hatte, besuchte er uns in England. Vater war natürlich sehr stolz auf ihn. Als Heinz als amerikanischer Soldat nach Königswinter kam, fand er dort den jüdischen Friedhof vollkommen zerstört vor. Er war ganz in der Nähe, in Euskirchen, stationiert und besuchte Königswinter per Jeep mit drei anderen Soldaten. Er ging zum Bürgermeister und sagte zu ihm, wenn der Friedhof nicht innerhalb von zwei Wochen so schön wie ein Park aussähe, dann würde er mit fünf Jeeps zurückkommen und den ganzen Ort auf den Kopf stellen. Einige Wochen später fand Heinz den Friedhof tatsächlich wunderschön wiederhergestellt vor.« (Von Ruth Bader sinngemäß ins Deutsche übersetzt.) Vgl. auch van Rey (1985), S. 140.

81  Angaben zu Berta Levy, geborene Hartoch, und ihrem Mann Alex finden sich im *Theresienstaedter Gedenkbuch*. Berta wurde am 10. Januar 1986 geboren, ihr Mann Alex am 15. Mai 1875. Nachdem sie mit Transport VII-2 nach Theresienstadt deportiert worden waren, gerieten sie am 26. September 1942 in einen Weitertransport nach Treblinka. Berta starb mit 56 Jahren, Alex mit 67 Jahren. Ihr Sohn Walter erfuhr erst durch die Nachforschungen zu diesem Buch vom Todesort und - datum seiner Eltern.

82  Der Originaltext ist hier unverändert, d. h. ohne Korrektur, wiedergegeben.

83  In Lepper (1994) finden sich auch im »Verzeichnis der in Aachen lebenden Juden« von Anfang August 1935 Einträge für Julius und Frieda Hartoch, geb. Weil, sowie ihre Kinder Inge und Hans, mit Angabe ihrer Adresse als »Heinrichsallee 59«. Im selben Buch findet sich im »Verzeichnis‹ der Regierung Aachen betr. die abgemeldeten bzw. arisierten Firmen jüdischer Eigentümer und Inhaber in der Stadt Aachen« der folgende Eintrag zu Julius Hartoch: »Hartoch, Josef Julius, Vertreter in Textilwaren, Heinrichsallee 59, 30. Sept. 1938 eingestellt«. (S. 1657)

84  Am 2. August 1946 erscheinen die Namen Emil und Frieda Weinhausen in der im *Aufbau* abgedruckten Liste der »Juden in Aachen« folgendermaßen: »Weinhausen, Emil, 21. 1. 90, Aa-

chen, Wilhelmstr. 45; Weinhausen, Frieda, 10. 12. 95, Asslar, Wilhelmstr. 45«.

85 Martha Vasen wird im *Aufbau* vom 2. August 1946 in der Liste der »Juden in Aachen« folgendermaßen erwähnt:»Martha Vasen, 21. 08. 03, Erkelenz, Theodor Kornerstr. 9«. Auf den Internetseiten über den jüdischen Friedhof in Erkelenz findet sich die folgende Aussage:»Bekannt ist der Fall von Martha Vasen geborene Herz, die 1942 bis 1945 im Konzentrationslager Theresienstadt inhaftiert war und 1976 starb.« (http://www.denktag.de/Station_7.986.0.html)

86 Über Edith und Käthe Herz lassen sich in den verfügbaren Datenbanken keine Angaben finden, die ihnen eindeutig zuzuordnen wären.

87 In den Schiffslisten der in New York ankommenden Passagiere finden sich Einträge für Grete und Willi Lode. Danach trafen sie dort am 18. Februar 1947 mit dem Schiff »Ernie Pyle« aus Bremen ein. Angaben über die beiden gibt es auch im amerikanischen »Social Security Death Index« Danach wurde Grete Lode am 30. Oktober 1908 geboren und starb am 8. August 1986 in New York. Willi Lode wurde am 29. April 1907 geboren und starb bereits im April 1976 ebenfalls in New York.

88 Flora Schweizer erscheint im *Aufbau* vom 19. Oktober 1945 in der Liste der »Juden im Lager Deggendorf« mit den Angaben »Schweizer, Flora (27. 9. 73), Wien«. Am 26. Oktober 1945 erscheint sie im *Aufbau* in der neunten Liste der Rückwanderer aus Theresienstadt unter dem Titel »Ziel: Mainz und Umgebung« und den folgenden Details:»Schweizer, Flora (27. 9. 73)« Ihre Ankunft in Amerika ist in den Schiffslisten der in New York ankommenden Passagiere für den 10. November 1947 dokumentiert. Sie traf auf dem Schiff »Marine Flasher« von Bremen kommend ein. Der »Connecticut Death Index« gibt ihr Todesdatum als den 18. April 1949 und den Ort als New Haven an und erwähnt, dass Flora Schweizer verwitwet war.